京成沿線の不思議と謎

高林直樹・監修
Naoki Takabayashi

JIPPI Compact

実業之日本社

はじめに

京成電鉄はその名の通り、東京から成田山新勝寺への参詣客輸送をおもな目的に一九〇九（明治四二）年六月に設立された。一九一二（大正元）年一一月、京成本線の押上～伊予田（現・江戸川）間と曲金（現・京成高砂）～柴又間の運行が同時にはじまった。

東方面の千葉県内の路線は、京成千葉線が一九二一（大正一〇）年に京成千葉（現・千葉中央）駅まで達したが、京成本線の成田への到達は新勝寺門前町との交渉が長引き、一九二六（大正一五）年である。それから半世紀あまりを経た一九七八（昭和五三）年、さらに東に延伸し、成田空港（現・東成田）駅を開業した。

西方面の路線は、繁華街の上野・浅草への進出が大きな目標であった。そのために京成の起点は隅田川の対岸の押上に置かれ、本社もここにあった。しかし、浅草への乗り入れは一九三一（昭和六）年に東武鉄道に先を越されてしまった。一方、上野方面への進出は、都心にターミナルを持たないローカル私鉄で終わるか、の社運を賭けたものになった。当時の東京市の指導で、上野公園の桜の木を傷めないようカーブの多い地下線路を敷設し、一九三三（昭和八）年に上野公園（現・京成上野）駅が開業した。

浅草方面へは一九六〇（昭和三五）年の都営浅草線の乗り入れまで待つことになった。このときの大きな問題は線路の軌道幅が異なることであった。京成の狭軌の軌道幅を広軌（標準軌）にすることになり、この切り替えを京成は電車の運行を止めずに二か月足らずで行なった。こうして、日本初の私鉄の地下鉄乗り入れが実現したのである。

本書は、このような路線の拡大を縦糸とし、それによって映し出される地域の不思議・謎を横糸にして構成されている。

数年前、京成本線に乗っているとき「次は、いちかわまま」という車内アナウンスがあった。すると幼い女の子が「ねえ、ママだって」と母親に話しかけていた。この駅名の由来は何なのだろう。駅名にも、そのいわれがあり歴史を背負っている。京成線には四度も名前を変えた「みどり台駅」、住所は青戸なのに「青砥駅」など、駅名も興味が尽きない。

本書を読んで、京成線や新京成線、北総線等の京成グループの路線、さらには乗り入れている路線も含めて、意外で多様なエピソードに触れていただければ、これから通勤・通学、レジャー等で利用される際に、今までとは違った風景が見られるものと確信する。

二〇一七年一一月

高林直樹

京成電鉄路線図

※2017年10月現在
※□駅は快速特急およびアクセス特急停車駅

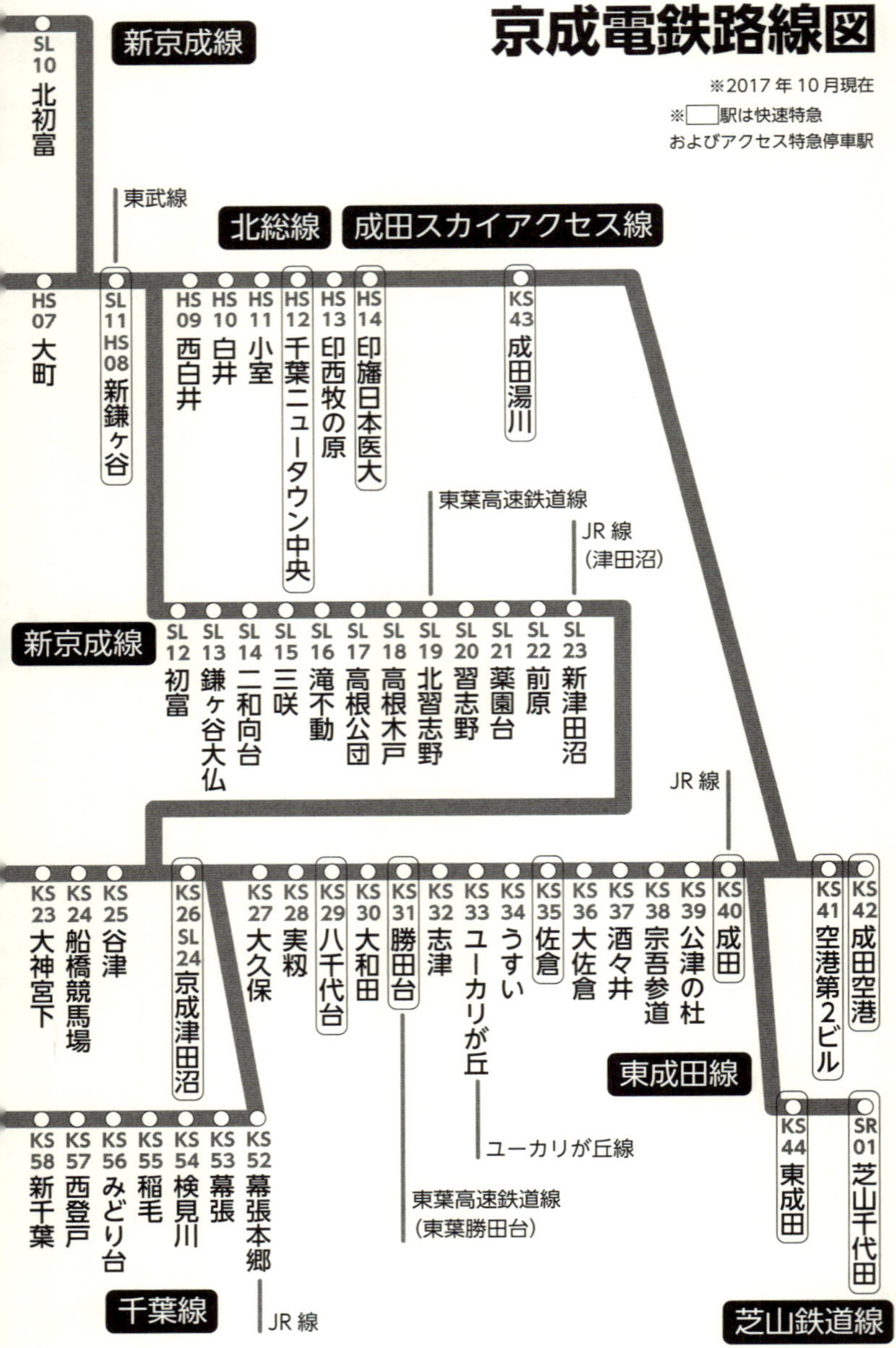
新京成線
SL10 北初富
東武線
北総線
成田スカイアクセス線
HS07 大町
SL11 HS08 新鎌ヶ谷
HS09 西白井
HS10 白井
HS11 小室
HS12 千葉ニュータウン中央
HS13 印西牧の原
HS14 印旛日本医大
KS43 成田湯川
東葉高速鉄道線
JR線（津田沼）
新京成線
SL12 初富
SL13 鎌ヶ谷大仏
SL14 二和向台
SL15 三咲
SL16 滝不動
SL17 高根公団
SL18 高根木戸
SL19 北習志野
SL20 習志野
SL21 薬園台
SL22 前原
SL23 新津田沼
JR線
KS23 大神宮下
KS24 船橋競馬場
KS25 谷津
KS26 SL24 京成津田沼
KS27 大久保
KS28 実籾
KS29 八千代台
KS30 大和田
KS31 勝田台
KS32 志津
KS33 ユーカリが丘
KS34 うすい
KS35 佐倉
KS36 大佐倉
KS37 酒々井
KS38 宗吾参道
KS39 公津の杜
KS40 成田
KS41 空港第2ビル
KS42 成田空港
東成田線
ユーカリが丘線
東葉高速鉄道線（東葉勝田台）
KS58 新千葉
KS57 西登戸
KS56 みどり台
KS55 稲毛
KS54 検見川
KS53 幕張
KS52 幕張本郷
JR線
千葉線
KS44 東成田
SR01 芝山千代田
芝山鉄道線

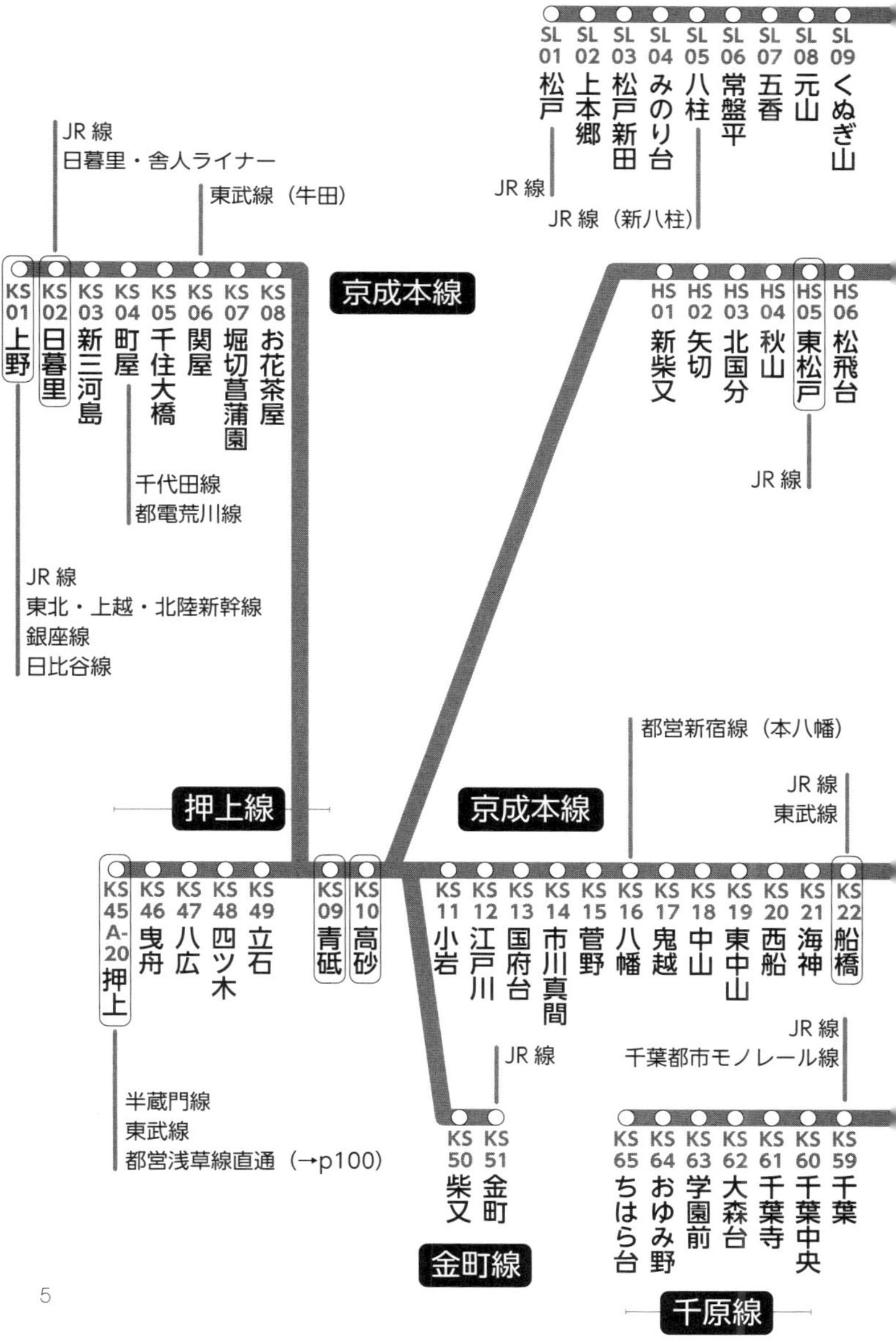
京成本線
KS01 上野
KS02 日暮里
KS03 新三河島
KS04 町屋
KS05 千住大橋
KS06 関屋
KS07 堀切菖蒲園
KS08 お花茶屋
JR線
日暮里・舎人ライナー
東武線（牛田）
千代田線
都電荒川線
JR線
東北・上越・北陸新幹線
銀座線
日比谷線
SL01 松戸
SL02 上本郷
SL03 松戸新田
SL04 みのり台
SL05 八柱
SL06 常盤平
SL07 五香
SL08 元山
SL09 くぬぎ山
JR線
JR線（新八柱）
HS01 新柴又
HS02 矢切
HS03 北国分
HS04 秋山
HS05 東松戸
HS06 松飛台
JR線
押上線
KS45 A-20 押上
KS46 曳舟
KS47 八広
KS48 四ツ木
KS49 立石
半蔵門線
東武線
都営浅草線直通（→p100）
KS09 青砥
KS10 高砂
京成本線
都営新宿線（本八幡）
JR線
東武線
KS11 小岩
KS12 江戸川
KS13 国府台
KS14 市川真間
KS15 菅野
KS16 八幡
KS17 鬼越
KS18 中山
KS19 東中山
KS20 西船
KS21 海神
KS22 船橋
JR線
千葉都市モノレール線
JR線
KS50 柴又
KS51 金町
金町線
KS65 ちはら台
KS64 おゆみ野
KS63 学園前
KS62 大森台
KS61 千葉寺
KS60 千葉中央
KS59 千葉
千原線

京成沿線の不思議と謎《目次》

第一章 そんな事実があったのか! 京成電鉄の知られざるヒミツ

01

第二章 空の上から見てみよう! 地理と路線の不思議地図

02

特集　ターミナルのその先へ　乗り入れ線ふしぎ散歩

第三章 コアなスポット目白押し！ 京成線ぶらり途中下車ガイド

03

第四章　意外な由来が見えてくる! 駅名・地名のミステリー

04

◎凡例　各項目見出し下には、最寄り駅の路線名と駅名、駅ナンバリングが記されています。アルファベットは、KS＝京成電鉄、SL＝新京成電鉄、HS＝北総鉄道、A＝都営浅草線、KK＝京急電鉄を、数字は、駅番号を表わしています。本書の内容は、とくに明記がない場合は二〇一七（平成二九）年一〇月時点の情報に基づいています。

カバーデザイン・イラスト／杉本欣右
本文レイアウト／Lush!
本文図版／イクサデザイン
本文写真／Benzoyl（P 25）、690 Noda（P 59）、
国土地理院（P 65、71、85、149）、東京特許許可局（P 81）、
LERK（P 83）、鎌ヶ谷市教育委員会（P96、97）、
国立国会図書館（P 98、109、141、165）、
katorisi（P 133）、Denis Barthel（P 151）、掬茶（P 153）、
葛飾区郷土と天文の博物館（P183）、Rsa（P 187）

第一章

そんな事実があったのか！京成電鉄の知られざるヒミツ

下総の大地を走って一〇八年 京成電鉄のあゆみ

京成電鉄

　京成電鉄は、東京の上野と押上の二か所にターミナルを持ち、東京都葛飾区や江戸川区を経て、千葉県市川市、船橋市、習志野市などを通り、千葉市や成田市まで路線を伸ばしている。都心と千葉県内の住宅地を結ぶ都市間輸送路線となっているだけでなく、成田空港へのアクセス路線となっている。

　この京成電鉄の前身である京成電気軌道（以下、京成電軌）は一九〇九（明治四二）年に設立された。郊外と都心を結ぶことが主目的であったほかの私鉄と違い、成田山新勝寺《しんしょうじ》への参詣客輸送がおもな敷設目的であったことが特徴的である。

　鉄道事業は、一九一二（大正元）年一一月に押上～伊予田《いよだ》（現・江戸川）間と曲金《まがりかね》（現・京成高砂）～柴又間を同時開業したことが始まりである。その後は一九一六（大正五）年に船橋、一九二一（大正一〇）年に千葉と、徐々に東側へ延伸していき、一九二六（大正一五）年には当初の目的地であった成田へ到達した。

　そして一九三三（昭和八）年には上野公園（現・京成上野）駅にまで延伸し、現在の路線網の形を完成させた。

黎明期の功労者・本多貞次郎

京成電軌には、一五年以上もの間社長として君臨し、発展の礎を築いたキーマンがいた。創業時に専務取締役、一九二一年に初代社長となった、本多貞次郎《ほんだていじろう》である。一八五八（安政五）年、宇都宮藩士のもとで生まれ、工部省の庶務課長、会計課長、豆相人車鉄道《ずそうじんしゃてつどう》事務長、東京市街鉄道工務課長などを歴任した。

本多氏は実業界だけでなく、政治家としても活躍した。一九一七（大正六）年に県会議員補欠選挙に政友会から立候補して当選。さらに翌々年の選挙にも当選すると、県会議長となった。その後一九二〇（大正九）年には衆議院議員選挙に初当選した。

本多氏が当選を果たしたのは、選挙区である東葛飾郡内で公益事業を推進していたからである。京成電軌が本線開通の前年である一九一一（明治四四）年から、電灯・電力事業を行なっていたのだ。当時は一般物価に比べて高価だったが、利便性から供給希望が殺到。選挙のたびに電灯範囲が拡張されていった。電車だけでなく、こうした電灯などの公益事業などがあり地元票がゆるぎなかったため、本多氏は五回も衆議院議員に当選することができた。

昭和を駆け抜けた京成

政界へ進出した本多氏のもと、現在の路線網のほとんどの部分を完成させた京成電軌も、第二次世界大戦の混乱には抗しえなかった。まず電力の国家管理体制が訪れて電灯事業、電力事業を一九四二（昭和一七）年、関東配電（現・東京電力）株式会社に譲渡する。鉄道事業よりも前にはじめられ、当時としてはグループのなかでもっとも収益を上げていた部門だった。

しかし千葉県内の成田鉄道、小湊《こみなと》鉄道、九十九里《くじゅうくり》鉄道が京成資本の系列下に入るなどのメリットもあった。また京成電軌に対する適用法規が軌道法から地方鉄道法に変更されたことにより、一九四五（昭和二〇）年に会社名を京成電鉄へと改称した。

その後、戦災からの復旧期を経て、高度経済成長期の到来とともに、都心部へのアクセス路線としての役割が重要視されてくる。一九六〇（昭和三五）年には、日本の私鉄のなかで初めてとなる地下鉄への乗り入れを開始（次ページ参照）した。そして一九七二（昭和四七）年には本線を成田空港まで延伸し、空港アクセス路線としての地位を得た。

その後もニュータウン開発とともに北総《ほくそう》線や千葉急行（現・京成千原）線の敷設も主導し、下総台地一帯に強固な路線網を築いて現在に至る。

日本初の地下鉄乗り入れの工事は鉄道史に残る大プロジェクトだった！

京成電鉄

京成電鉄は、都営浅草線や京急電鉄と相互直通運転を行なっている。京成が浅草線への乗り入れを実現したのは一九六〇（昭和三五）年のこと。これは、私鉄が日本で初めて地下鉄へ乗り入れた例である。その実現に至るまでには、鉄道史に残る京成の大工事があった。

東京の私鉄の路線を見ると、大半の路線がJR山手線の駅をターミナルとして、そこから郊外へ延びていることがわかる。これは戦前の東京市が、市内交通は公営に限るとして私鉄の乗り入れを拒んできたからだ。しかし戦後になると、交通統制の規制が緩みはじめ、私鉄はこぞって都心部乗り入れの免許申請を行なう。京成電鉄も一九五〇（昭和二五）八月に押上〜有楽町間の七・六キロメートルの免許申請をしている。

東京都としては、私鉄の都心乗り入れを推進する立場だった。住宅地が郊外へと広がり続け、大手私鉄各社の利用客が飛躍的に増加している状況のなか、都心と郊外を効率よく結ぶ必要があったのだ。そこで運輸省は一九五七（昭和三二）年六月、地下鉄網の建設と運営を営団（現・東京メトロ）と東京都が担当し、郊外私鉄を地下鉄と接続させて相互乗り入れを行なうという方針を掲げた。

このとき、真っ先に地下鉄との相互乗り入れを行なう必要があるとされたのが、京成押上線である。沿線にいくつも巨大な住宅団地が計画され、著しい乗客の増加が予想されていた。そこで押上駅にて建設計画中の都営浅草線（当時は一号線）と直通運転を実現せよとの行政指導が下ったのである。それと同時に京急電鉄も、泉岳寺駅で浅草線と直通運転することが決められた。

日本鉄道史に残る京成の大改軌工事

しかし、京成が都営浅草線へ乗り入れるのは簡単ではなかった。都営浅草線の一方の乗り入れ先である京急と線路の幅（軌間）が違っていたからだ。当時、京成は一三七二ミリメートルの狭軌《きょうき》だったが、京急は一四三五ミリメートルの標準軌《ひょうじゅんき》。これから建設する都営浅草線はどちらにも合わせることができるが、京成と京急、どちらかが合わせなければならなかった。そして三者で協議した結果、国際的な標準である標準軌に統一することに決定した。

これを受け、京成は急遽、当時の全線八二・五キロメートルを標準軌へ改軌する必要に迫られた。しかし、当時から京成の路線は首都圏を支える重要な路線のひとつだったので、運休を伴うような工事はできない。そこで京成は、全線を一一の工区に分け、工区ごとに少しずつ工事を行なうことにしたのである。また列車を止めないため、工事は終電終了後の深夜に限られた。

最初の工事は一九五九（昭和三四）年一〇月九日、千葉〜幕張間で始まった。終電が通過したあと、約六〇〇〇人もの作業員が線路を移動し、始発電車の時刻までに工事を終えるのである。それと並行して、車体を標準軌用へ改修したり、各工区の分界駅に特設ホームを建設したりした。軌間の異なる列車は直通できないため、特設ホームで折り返し運転させたのだ。

こうして工事が進み、最後の京成上野〜日暮里間の上り線の改軌が終了して全線の工事が終わったのは同年一二月一日のことだった。

その後、押上駅の地下移設工事も終わり、苦労の末に一九六〇（昭和三五）年一二月四日、都営浅草線の押上〜浅草橋間開業に合わせ、ついに京成と浅草線の相互直通運転がはじまった。鉄道史に残る日本初の私鉄の地下鉄乗り入れは、こうした京成の努力と工夫のうえで実現したのである。その後、都営浅草線は徐々に南へ工事を進めていき、一九六八（昭和四三）年に泉岳寺駅にて京急と相互直通運転を始め、現在に至っている。

金町線のルーツは人力で動かす鉄道だった

金町線

金町線は、京成高砂駅から柴又駅を経て金町駅までを結ぶ、わずか二・五キロメートルの短い路線である。京成本線の支線として、一九一二（大正元）年一一月三日に本線と同時に曲金《まがりかね》（現・京成高砂）～柴又間が開業。翌年一〇月二一日に柴又～金町間へ延伸し、全線開業となった。

この金町線、じつは京成電鉄の現在の路線のなかで唯一、他社線を用いて開業した路線である。一八九九（明治三二）年に開業した帝釈人車鉄道《たいしゃくじんしゃてつどう》を、京成が一九一二年に買収して京成金町線としたのである。

この帝釈人車鉄道は名前の通り、柴又帝釈天（題経寺《だいきょうじ》）への参詣客のための鉄道だった。「人車鉄道」とは耳慣れない言葉である。これは早い話、トロッコのようなボックス型の車両を人力で動かす鉄道のことだ。当時、同様の鉄道は、伊豆や野田、行徳などにもあった。柴又帝釈天の欄間には、人車鉄道の彫刻が飾られている。

人力だけで一日一万人

この帝釈人車鉄道を設立したのは、地元の有力者たちである。日本鉄道（現・JR常磐線）の金町駅が設置された折、そこから帝釈天まで続く参詣鉄道を計画した。この計画には題経寺も期待していたようで、二〇株を引き受ける株主となっていた。

帝釈人車鉄道は、金町駅と柴又駅の一・二キロメートルを約一五分で結んだ。運賃は片道五銭で、往復で買うと割り引かれて九銭。乗車券は柴又行きが赤色で金町行きが白色、往復切符が青色と決められていた。

一・二キロメートルの所用時間が一五分では、ほぼ徒歩と変わらないスピードだが、帝釈天への参詣客にとって、物見遊山が味わえる人車鉄道は人気があった。とくに年六回の縁日である庚申《こうしん》の日や、花見のシーズンになると人車鉄道は大盛況。通常は一日一〇〇人程度しか乗らなかったが、繁忙日は一日一万人の乗客があったという。

こうした混雑する日に対応するため、全線が複線化されており、金町駅には折り返し用のループ線も用意されていた。さらに庚申の日などには特別に一二〇人もの臨時の押夫を雇い、通常一人で押すところを二人で押して円滑な運行を心がけた。そして帝釈人車鉄道はどんどん盛況になり、最盛期には六四両（一〇人乗り五八両、六人乗り六両）もの車両を保有していた。『帝国鉄道要鑑』によると、設立から五年後の一九〇四（明治三七）年以降は株主に配当も出していたという。

しかしその後、帝釈人車鉄道は自ら身売りをする。一九一〇（明治四三）年、京成が押上駅から伊予田（現・江戸川）駅を結ぶことを構想した際、途中の曲金（現・京成高砂）駅から柴又へ支線を敷く計画を立てた。この路線が開通すれば、金町から人車鉄道を使うより、曲金から京成を使うほうが便利になり、人車鉄道の乗客が激減するのは明らかだった。こうした事情から、帝釈人車軌道（明治四〇年に改称）は自ら経営権を京成に譲渡するに至る。

そして帝釈人車軌道の路線は京成金町線となったものの、じつは人車自体は京成のもとで一時的に運行されていた。京成金町線のうち柴又～金町間の開通は一九一三（大正二）年一〇月二一日。それまでは敷設工事中であり、譲渡された前年九月から人車廃止の一九一三年八月までの一一か月間において、当該区間で京成の人車鉄道が運行されていた。譲渡は京成線開通の二か月前。つまり鉄道会社としての、京成の最初の営業は、人が押す鉄道だったのである。

KS 44
ひがしなりた
東成田
Higashi-Narita
東成田線

秘密の通路を進んだ先にもうひとつの成田空港駅が存在する

成田空港は、第一ターミナルと第二ターミナルに分かれている。空港へ京成線で行く場合、第一ターミナルへは成田空港駅で下車し、第二ターミナルへはそのひとつ手前の空港第2ビル駅で降りることになる。

この空港第2ビル駅の一角に、雰囲気が異なる一本の通路がある。多くの空港利用者がいる賑やかな駅の中にあって、この通路だけがひっそりとそこにある。あまりの静けさから、何やら怪しげな雰囲気さえ漂っている。

別に立ち入り禁止区域ではなく、誰もが通路を進むことができる。進んでみると、長く無機質な通路が真っ直ぐ続いていて、ところどころに色あせた古いポスターが貼られている。五〇〇メートルほど進むと、現われたのは別の駅。点いている照明も少なく、いやに暗い印象を受けるが、券売機や時刻表、改札、路線図もある。改札口のなかへ入り、広い空間を歩くと列車のホームにたどり着く。駅名標を見ると、そこには「東成田」の文字。

この駅は、京成成田駅から分岐し、芝山《しばやま》鉄道へ直通する京成東成田線の唯一の駅・東成田駅だったのだ。おもに空港の職員が利用する駅であり、乗降客数は隣の成田空港駅の一〇分の一以下しかない。

元・成田空港駅

ほとんど使われずに静まり返っている東成田駅だが、かつては現在の空港駅に相当する重要な駅だった。一九七八（昭和五三）年の開業から一九九一（平成三）年までの一三年間にわたり、〝初代〟成田空港駅として利用されていたのだ。その証拠に、現在使われている三番、四番ホームの向こうに、使われていない一番、二番ホームがあり、「なりたくうこう」の駅名標がそのまま残っている。

京成は当初から第一ターミナルへの乗り入れを希望していたが、成田新幹線計画（七六ページ参照）に阻まれて、辺鄙《へんぴ》な場所に駅を設けざるを得なかった。それが現在の東成田駅の場所である。そのため、成田空港への唯一の玄関口であったのにもかかわらず、空港の利用客は、成田空港（現・東成田）駅からさらにバスを利用して第一ターミナルまで行かなければならなかった。

しかし成田新幹線計画が頓挫して京成はようやく成田空港へ直接乗り入れた。一九九一年、第一ターミナルへ直結する新幹線用地に京成線とＪＲ線共用の成田空港駅が開設され

使われていない東成田駅１・２番ホームには、旧成田空港駅時代の名残である「なりたくうこう」と書かれた駅名標がある。

たのである。そして京成は乗客の誤乗車を防ぐため、それまでの成田空港駅を、「空港」の付かない東成田駅へと改称。空港職員の利用や芝山鉄道との直通を考慮してそのまま存続された。

空港職員ばかりが利用する東成田駅はこうして誕生したわけだが、じつは少しでも交通費を節約するために利用する人もいるらしい。京成上野駅から成田空港駅まで乗車した場合、一番安い快特でも一〇三〇円の乗車賃がかかるが、目的地を東成田駅にするだけで、九六〇円の乗車賃で済むのだ。節約家の人であれば東成田駅の利用はおすすめである。

旧寛永寺坂駅の名残が上野桜木のコンビニ裏にあった！

京成本線
寛永寺坂
（廃駅）

ＪＲ山手線の鶯谷《うぐいすだに》駅を降りて、駅前に走る言問《こととい》通りを寛永寺の方向へ進むと、緩やかな坂を上り、上野桜木二丁目交差点へ出る。その交差点の角にあるコンビニエンスストアの裏手に「国威宣揚」と記された高さ一メートルほどのコンクリートブロックがある。大仰な言葉に違和感を覚えるが、それもそのはず、戦時中に建てられた国旗掲揚塔である。裏面には、日米開戦の端緒となった真珠湾攻撃の日付「昭和十六年十二月八日」が刻まれ、国旗の柄を取り付けるための金具がある。

この国旗掲揚塔は、かつてここにあった駅の駅前広場に置かれていたものだ。その駅は、京成本線の寛永寺坂《かんえいじさか》駅。日暮里〜上野公園（現・京成上野）間を結ぶ二・一キロメートル区間の開通に合わせ、一九三三（昭和八）年に開業した地下駅である。当時の記録によると、桜木町四五番地に住む地元住民の要望により、ここに寛永寺坂駅を設けたとある。

その後一九四五（昭和二〇）年六月から、日暮里〜上野公園間の路線が接収され、寛永寺坂駅の施設も政府の管理下に置かれた。そのとき、駅の上り線はネジの軍需工場になり、

コンビニの裏手、フェンスのなかにある旧寛永寺坂駅の国旗掲揚塔。表に「国威宣揚」、裏には「昭和十六年十二月八日」「東櫻木町有志建之」と彫られている。

下り線には省線の客車が搬入され、鉄道省の事務室として使われるようになった。そして終戦の翌年に寛永寺坂駅は営業を再開するも、九か月後に休止となり、一九五三（昭和二八）年に正式に廃止された。

廃止後、地上にあった木造平屋の駅舎は取り壊されることなく倉庫会社として使われ、駅舎内の事務室や切符売り場、地下のホームへ続く階段などは残されたままだった。しかし二〇一五（平成二七）年末、寛永寺坂駅の駅舎を借りていた倉庫会社が撤退。京成電鉄の所有に戻ったあと、二〇一七（平成二九）年に駅舎は残念ながら解体され、新しくコンビニになったのである。

かつての寛永寺坂駅の名残は、裏手の国旗掲揚塔だけになっている。

上野の地下トンネルの入り口にある「東臺門」ってどんな意味？

KS 02
にっぽり
日暮里
Nippori
京成本線

日暮里駅を出発した電車が上野駅へ向かう途中、京成線は地上から地下線になる。地下トンネルの入り口は重厚な石造りのデザインで、上部に扁額《へんがく》が掲げられている。一辺が一メートルもある巨大な御影石の板を四枚合わせ、一つの石に一文字ずつ右から「東」「臺」「門」と刻まれ、四つ目の石には、「昭和八年　本多貞次郎書」とある。京成の初代社長・本多貞次郎《ほんだていじろう》が揮毫《きごう》した（筆をふるった）という印である。

こうしたトンネル入り口の扁額はほかの鉄道にもある。阪急京都線の〝天と人の力が合わさって完成した〟という意味の「天人併其功《てんじんそのこうをあわす》」や、京阪の淀屋橋地下線入り口にあり、現在は天満橋駅に移された「先覚　志　茲成《せんかくのこころざしここになる》」などだ。これは〝先輩方の都心乗り入れの悲願を達成した〟という意味で、鉄道事業への熱い志が感じられる。

では京成本線の「東臺門《とうだいもん》」はいったいどういった意味なのか。

見慣れない難しい漢字の「臺」は、「台」を表わしている。つまり扁額の文字は「東台門」である。

東台は「関東の台嶺《たいれい》」の略である。台嶺とは、天台宗の総本山である比叡山延暦寺を唐風に表現するときの呼び名。江戸時代、知識人の間では富士山をあえて富嶽《ふがく》と表現するように、地名や場所などを漢字二文字を使って唐風に表わすことが流行していた。比叡山延暦寺も天台宗の「台」を使って、「台嶺」と呼んだのである。

日暮里～京成上野間の地下トンネル入り口。上部には「東臺門」と刻まれた御影石の扁額が掲げられている。

それが上野のトンネルとどう関係あるのか。じつは一六二二（元和八）年に建てられた上野の寛永寺は、延暦寺を模してつくられた寺院である。京都の鬼門（東北の方角）に延暦寺が建てられたように、江戸を守るために江戸城の鬼門に建てられた。さらに不忍池を琵琶湖に見立て、琵琶湖の竹生島《ちくぶしま》の代わりに弁天堂を設けた。そして〝東の比叡山〟を意味する「東叡山」という山号を冠した。まさに東の台嶺であった。

つまり「東臺門」とは、寛永寺に穿《うが》つ門という意味であり、ここから先は寛永寺であることを乗客に知らせているわけだ。

京成がインドネシアに鉄道を敷いたことがあるってホント!?

京成電鉄

インドネシアでは、現在、鉄道網の整備が進められている。首都ジャカルタのあるジャワ島や西部のスマトラ島、中央部のスラウェシ島といった国内の主要な島に鉄道を敷設し、経済活動を活性化する狙いがある。

そのうちのスラウェシ島は、じつは京成電鉄とゆかりが深い。第二次世界大戦中に京成がこの地で鉄道敷設を行なっていたというから驚きである。

インドネシア独立前、スラウェシ島はセレベス島と呼ばれていた。この遠く離れた南方の島に京成が鉄道を敷設することになったのは、国から要請されたからにほかならない。戦時中、国家総動員法や陸上交通事業調整法によって、私鉄は政府の統制下に置かれていた。そうした折の一九四三（昭和一八）年、南方占領地域のひとつであったセレベス島の資源開発のために、鉄道敷設を命じられたというわけだ。

京成がセレベス島に敷設することになった鉄道は、同島の最大都市マサッカル市北端の埠頭を起点として海岸沿いに北へ線路を伸ばし、トンドンクラへ達するというもの。総延長七七キロメートルで、路線内には八駅が設置される予定だった。

工事は困難を極めた。資材不足に加え、敷設ルートにはところどころに湿地帯があったからだ。資材不足には、日本本土から「不要不急線」に指定され廃線となった線路を使った。セレベス島に運ばれたのは成田鉄道や琴平急行、出石鉄道、善光寺白馬電鉄、大和鉄道、信貴山急行電鉄、京福三国線、愛宕山鉄道、京福京都線などで使われていたものであった。またルート沿いの湿地帯には、近くの島々にある珊瑚礁を利用した。珊瑚礁を採取し、粉々にして敷きつめることで湿地を解消しようとした。

しかし、一部（マサッカルから八・六キロメートル）が完成したところで、京成は突然、軍部からボルネオ島にも鉄道を敷設するよう命じられる。セレベス島の鉄道もわずかしかできていないのに京成はさらにボルネオ島へも渡った。そしてこの二本の鉄道敷設を進めている途中で終戦を迎えてしまう。その後、鉄道はすべて放棄された。

京成の鉄道敷設は志半ばで終わったが、冒頭で述べた通り、スラウェシ島でも再び鉄道建設が始まっている。予定路線は、京成が鉄道の起点としていたマサッカルから北部のマナドを結ぶ総延長二〇〇〇キロメートルで、二〇一八年に開業を予定している。

この路線はインドネシア主導によるものであり、京成が関わっているわけではないが、七〇余年の年月を経て、ようやくスラウェシ島の海沿いに鉄道インフラが整うことになる。

押上駅の壁のなかに秘密の地下トンネルが隠されている

A 20　KS 45

おしあげ
押上
Oshiage
押上線

京成押上線の起点は、路線名にもなっている押上駅だ。もともと地上駅だったが、都営浅草線との相互乗り入れのため一九六〇（昭和三五）年に現在地へ移転。地下駅となって現在に至っている。

ここの一番線ホームで上り列車を待っているとき、目の前の線路の壁を注視してほしい。黄色のラインが入ったクリーム色のタイルが並んでいるが、後ろ寄りの一部が屏風のように手前側にせり出している。その部分の側面には扉が付けられており、壁の裏側へ行けるようになっている。なんとも意味ありげな扉である。

じつはこの壁の向こうには、別のトンネルが続いている。このトンネルは、地下駅開業当初からあった砂利線の跡地。もともと押上駅は、地上駅時代から砂利の受け渡しを行なう駅だった。京成の駅の西側には、生コンクリート工場と東武鉄道の貨物ヤードがあり、京成はここで東武鉄道から保線用の砂利を受け取り、それを貨車に積み込んで夜中にバラストとして線路に敷き詰める保線業務を行なっていた。

押上駅上り1番線ホームの後ろ寄りの壁には、屏風のような段差がある。この2段の段差の奥には、砂利線の跡が隠されている。

東武鉄道と京成の砂利受け渡しの関係は地下駅になっても変わらず、東武鉄道によって地上のシューターから投げ込まれた砂利を、地下のトンネル内で積み込んでいた。こうした施設を砂利ホッパーという。

しかしこの砂利ホッパーは、トラック輸送が主流になるにつれて使用されなくなり、トンネルの入り口は壁で塞がれた。しかし空間を埋め戻したわけではなく、駅の空調熱源機や冷却塔が置かれていて、トンネルを有効利用している。壁に設けられている扉は、点検のために職員が出入りするためのものだったのだ。

押上駅には、砂利を投げ込んでいた昭和の名残が、誰にも気づかれることなくひっそりと壁のなかにある。

旧博物館動物園駅が洋風なのは枢密院の御前会議対策!?

京成本線
博物館動物園駅
（廃駅）

京成本線のターミナル駅である京成上野駅の北側には、動物園や博物館などを擁する広大な上野公園が広がっている。園内には国立科学博物館や国立西洋美術館など、モダンな建物が多く、芸術や学術の地であることを感じさせる。

東京国立博物館の区画の南西角にも、古びているがモダンな建物がある。ピラミッド型の屋根やローマ風の柱をもった豪華な建物だ。しかし入り口は鉄扉が閉まっており、一見するとなんの建物かわからない。しかし側面にある文字を見て驚くだろう。

そこには「博物館動物園駅跡　京成電鉄株式会社」と記されているのだ。これは博物館動物園駅という京成本線の駅の入り口。東京科学博物館や東京帝室博物館（現・東京国立博物館）、恩賜上野動物園などの最寄り駅として設置され、一九三三（昭和八）年の上野公園（現・京成上野）～日暮里間開通と同時に開業した。その後、戦時中や改修工事中を除いて長らく使用されたものの、ホームが四両編成分の長さしかなくほとんどの列車が通過するようになり、一九九七（平成九）年に休止。そして二〇〇四（平成一六）年に正式

上野の東京国立博物館の区画の南西角にある旧博物館動物園駅の駅舎跡。ピラミッド型の屋根やローマ風の柱など、特徴的なデザインが施されている。

に廃止となった。

名前のインパクトもさることながら、やはり一番に注目すべきはこの美術館のようなモダンな外観である。じつはこのデザインには、相応の理由があった。

天皇陛下を前にしたデザイン会議

京成にとって上野乗り入れは社運を賭けた一大事業だった。詳しくは六六ページで述べるが、ルートの厳しい制約がありながらもそれを解決し、上野へと地下線を伸ばす。だがこのとき、もっとも大きな壁となったのが御料地問題である。

じつは京成が設定したルートの一部が、帝室博物館の敷地、すなわち天皇陛下の御料地にかかっていたのである。まさに博物館動物園駅の場所だ。世伝御料地と呼ばれるその敷地に民間の鉄道を通すには、枢密院の御前会議で了承を取る必要があった。

御前会議は一度きりしか行なわれない。その結果によっては、京成は悲願の上野乗り入れを諦めるしかなくなり、都心にターミナルを持たないローカル私鉄のままになってしまう。一九三三年三月の御前会議は、京成にとって勝負どころであった。

『枢密院会議議事録』（東京大学出版会）によると、全会一致で京成の御料地通過に賛成だったという。実際、御前会議は形式的なもので、事前の審査委員会で会議の結論がほぼ決められていたらしい。具体的に京成と審査委員会の間でどのようなやり取りがあったのかは、史料がなく判然としないが、審査委員会で考慮されたもののひとつが、御料地の敷地に建設する博物館動物園駅のデザインだったといわれている。

設計は京成ではなく鉄道省が担当した。このとき具体的なデザインをまとめたのが、鉄道省技師の中川俊二《なかがわしゅんじ》氏である。中川氏は駅舎に、ピラミッド型の屋根にローマ風の柱、内部にはローマ・パンテオンのドームを加え、御料地にふさわしいデザインとした。

駅舎のデザインが東京駅の参考に

中川俊二氏による博物館動物園駅は、じつは東京駅のデザインに影響を与えている。東京駅は辰野金吾《たつのきんご》によって一九一四（大正三）年に竣工したが、空襲によって屋根と室内ドームを焼失した。その後、一九四六（昭和二一）年に復旧され、二〇一二（平成二四）年の改修工事によって辰野金吾設計の初代東京駅の姿が再現されて現在に至る。

ではいったいどの部分が博物館動物園駅と共通しているのか。じつは現在のドーム屋根の東京駅ではなく、二〇一二年まであった三角屋根の東京駅のほうである。戦後の復旧工事の際、屋根のデザインをまとめたのは、博物館動物園駅を設計した中川氏だったのだ。

戦災で壊れた東京駅の復旧工事風景。博物館動物園駅をデザインした中川俊二氏が屋根の設計を担当した。

本人の回顧録によると「この建物（博物館動物園駅）のデザインのきびしいモデュール（建築上の基準寸法）の検索は、その後の焼けた東京駅の改築のあの格天井のデザインにもそのまま大変役立ちました」と述べており、二代目東京駅の屋根のデザインと博物館動物園駅の関連がうかがえる。

東京駅にも影響を与えた博物館動物園駅は、民間による保存活動によって補修されながら現在もその姿を留めている。

千原線の運賃がほかの区間よりも高いワケ

千原線

京成千原線は、千葉市の中心に位置する千葉中央駅から、南東部のちはら台までを結ぶ一〇・九キロメートルの路線である。千葉中央駅では千葉線と直通運転が行なわれており、実質的には千葉線の延長区間となっている。

この千原線、乗車率がいまいち伸びない状況にある。それは運賃が高く設定されているからだ。たとえば、ちはら台〜千葉中央間の運賃は三六〇円。ほぼ同距離の千葉中央〜京成幕張本郷間（一〇・八キロ）の運賃は二三〇円。つまり千原線は千葉線に比べて、一・六倍の設定になっているのだ。同じ鉄道会社なのに、この格差はどういうことだろうか。

そこには千原線の成り立ちが関係している。千原線はもともと、五井《ごい》〜上総中野間を結ぶ小湊《こみなと》鉄道が計画していた路線だった。小湊鉄道は、五井駅を経由せず千葉市へ自社線で直接乗り入れるため一九五七（昭和三二）年に本千葉〜海士有木《あまありき》間の免許を取得したものの、敷設資金がなく工事未着手のままであった。

そんななか、千葉市南東部の丘陵地帯にニュータウンの構想が立ち上がる。それを機に

計画段階の千原線の敷設ルート

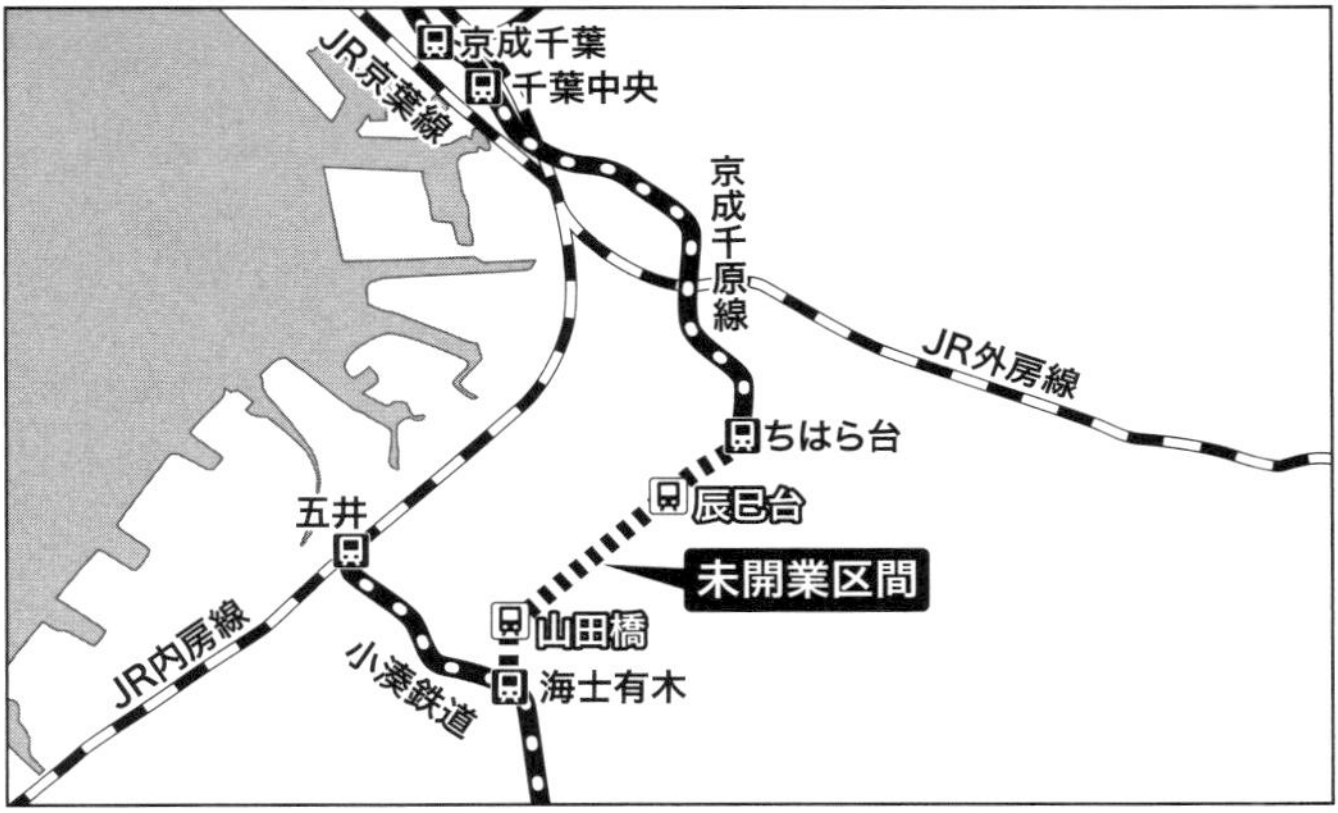

京成千原線は、当初小湊鉄道の海士有木駅まで延伸し、五井駅を経由せず短絡をはかる予定だった。しかし乗降客数が伸び悩み、敷設はちはら台駅でストップ。ちはら台駅の南や辰巳台駅予定地に用地買収の跡をみることができる。

一九七三（昭和四八）年、京成電鉄と小湊鉄道が出資して、千葉急行電鉄を設立。小湊鉄道が免許を保有していた本千葉～海士有木間をつなごうと計画した。

その後、ニュータウン開発に関係する千葉県、千葉市、市原市、住宅都市整備公団の出資も受けて第三セクターの鉄道会社となった。一九七五（昭和五〇）年、事業免許が小湊鉄道から千葉急行電鉄に譲渡され、これに伴い、起点が京成千葉（現・千葉中央）駅に変更となった。

やがて一九七七（昭和五二）年、ようやく敷設工事に着工。ニュータウン造成とのタイミングを合わせながら、一九九二（平成四）年に千葉中央～大森台間が開業した。その三年後にちはら台駅まで延伸して、現在の千原線の路線が全通した。そして計画では、さらに辰巳台駅、山田橋駅を経て海士有木駅まで延伸し、小湊鉄道と接続する予定だった。

ニュータウンの伸び悩みにより延伸ストップ

ちはら台駅まで開業したわけだが、ここで千葉急行電鉄は早々に壁にぶち当たる。沿線で開発されていたニュータウンの入居率が当初の見込みから大幅に下回り、それと比例して沿線利用者数が伸びなくなったのである。しかも新しくニュータウン開発をしたからといって、入居者がすべて千葉急行電鉄を利用するわけではなかった。途中で交差するJR外房線にも駅があり、とくに途中のおゆみ野駅や学園前駅周辺の住民は、外房線の鎌取《かまとり》駅を利用していた。これでは千葉急行電鉄の利益にはつながらない。

結果、千葉急行電鉄は海士有木駅までの延伸どころか、鉄道経営そのものが立ち行かなくなってしまう。そして一九九八（平成一〇）年、千葉急行電鉄は解散し、京成電鉄が負債額四五〇億円とともに経営を引き受けることになった。

これが現在の京成千原線である。京成からすれば、負債を抱えながらのスタートとなったため、その充当分を確保しなければならず、運賃を高く設定せざるを得なかったのだ。

高額運賃の理由が負債ということであれば、その償還に目途がつけば、当初の計画通り、

千原線の終点・ちはら台駅から、南側を撮った風景。終点であるにもかかわらず、まるで次の駅があるかのように線路が続いている。

小湊鉄道の海士有木駅への延伸の期待もできそうだが、どうなのだろうか。

延伸予定地については、千葉急行電鉄の頃に確保した用地が一部残っている。とくに、ちはら台駅の次の駅となる辰巳台駅予定地の周辺は、住宅地の中央を通る用地があり、現在はその一部が駐車場などに仮利用されている。

ただ、用地の目途が立ったとしても、沿線の人口の問題がある。市原市によれば、利用者が一日四万人になれば千原線の複線化を検討し、その後の動向により延伸するか決定するという。しかし、現在の利用者は一日約二万人。人口がもっと増えない限り、延伸は難しそうである。

京成電鉄でかつて行なわれた常識を覆す驚きのスト戦術とは？

京成電鉄

鉄道のストライキといえば、列車の運行をなくしたり、極端に本数を減らしたりして、抵抗するのが一般的だろう。ところが、一九四五（昭和二〇）年の一二月に行なわれた京成電鉄労働組合（以下、労組）のストライキは、そうした鉄道ストとは違った。電車の運行は続けられたうえに、乗客はなんとタダでどこまでも乗ることができたのである。この一風変わった抵抗の裏には、当時の社会背景があった。

この当時、結成されたばかりだった労組は、会社に対して団体交渉権の承認のほか、賃金の即時五倍引き上げなどを要求していた。

現代なら、賃金の五倍引き上げなどとても考えられないが、当時の世情を考えると当然だったのかもしれない。戦後直後は、ひどい食糧難でしかも激しいインフレだった。京成電鉄の運転手や車掌として一か月働いても、ヤミ米一升しか買えない有り様で、とても家族は食べていけない状況だったのである。

だが要求は会社側に拒否されて交渉は決裂し、労組側はストライキに突入した。本来なら働くのをやめて要求を通そうとする方法をとるが、このとき組合員の中から、「電車を止めてはまずい、無料運転をやろう」という声が上がったのである。すると、たちまち賛同の声が続いた。

電車を止めない理由

終戦から四か月もたっていない東京ではあらゆる物資が不足し、田舎に買い出しに行かなければ食糧を手に入れることはできなかった。京成の社員でさえ、やむなく会社を欠勤しては買い出ししていたほどである。

東京と千葉を結ぶ京成線は、東京の人々にとって買い出しのために必要不可欠な交通手段だった。運行本数は少なくダイヤは乱れているうえ、車両は窓ガラスが割れたり腰掛けの板もなかったりといったボロボロの状態だったが、人々は窓から出入りして、昇降口のデッキにぶら下がってでも、電車に乗って買い出しへ向かおうとしていた。人々に必要な列車の運行を止めることなど、とてもできない。

労組側は、一二月一〇日、各駅に「今日迄の永い間、御愛顧を賜りました京成電鉄乗客の皆様に、組合より親切無料奉仕を致します」という掲示を出して、翌日から三日間、無料で乗客を運んだのである。

現場の奮闘で改善

組合員たちが無賃輸送と同時に大急ぎで取り組んだのは、故障車両の修理だった。車両の多くは戦災で破損したままだったが、故障車両で運行して争議中に乗客が怪我をしては大変だと、津田沼の車両工場では徹夜で修理がなされた。

修理のペースは一日せいぜい三両と見られていたが、一両でも多く修理してダイヤを回復するため、組合員たちが連日徹夜の作業を敢行し、三日間でなんと二〇両もの修理をこなした。その努力を支えたのは、経営陣の管理下でなくても自分たちだけで京成電鉄を立て直すことができる、という現場の誇りだった。そしてストライキ中にもかかわらず、それまで会社の管理下では成し得なかったダイヤの正常化やラッシュ時の増発まで行なわれた。皮肉にもストライキにより、京成電車の営業状態は大きく改善されたのである。

乗客をはじめ、マスコミなどの世論は、列車運行を止めなかった労組を支持した。こうして最終的には、賃上げばかりか、労働者の経営参加の権利までをも勝ち取り、京成労組側の抵抗は功を奏したのだ。京成のユニークなスト戦術は、当時の社会背景と現場の奮闘によるものだった。

ディズニーランドが浦安につくられた理由は富士山にアリ！

京成電鉄

浦安にある東京ディズニーランドは、日本でもっとも有名な遊園地だろう。この東京ディズニーランドをつくったのは京成電鉄である、と言ったら意外に思うかもしれない。

東京ディズニーランドの運営主体であるオリエンタルランドは、一九六〇（昭和三五）年に京成電鉄と三井不動産の出資によって設立された。設立時の事務所は、当時上野にあった京成電鉄本社の五階の隅を間借りする形で置かれていた。作業机はわずか三つで専用の電話さえなく、外部とのやり取りは京成電鉄の株式係の番号を通じて行なわれていたという。

オリエンタルランド設立の目的は、浦安沖を埋め立て、商住地域の開発と一大レジャーランドの建設を行なうことだった。本格的に業務が開始されると、浦安の漁民との交渉や埋め立て工事に着手し、並行してレジャー施設の計画が練られた。

レジャーランドといっても、最初からディズニーランドが計画されていたわけではなく、独自のテーマパークを建設する予定だった。しかし、欧米のレジャー施設に調査団を派遣し、各地の施設を見た結果、ディズニーランドの誘致へと方向が変わったのである。そして一九七四（昭和四九）年にはアメリカのディズニー社に正式に誘致を申し込み、先方の首脳陣が視察に来日することとなった。

このとき、三井不動産のライバル社である三菱地所を中心とする企業グループも、ディズニーランドの誘致を進めていた。建設予定地は、富士山麓の富士スピードウェイ周辺で、三菱地所がもっていた土地だった。三菱側では、ディズニー映画の配給会社である東宝が交渉の窓口となっており、取引関係にあったことを考えれば、京成・三井のオリエンタルランドは不利な状況だと考えられていた。

そしてその年の一二月、ディズニー社首脳陣一行が富士山麓と浦安の視察に訪れる。その結果、彼らが選択したのはオリエンタルランドの浦安だった。この決定には富士山の存在が影響している。

どうして富士山が見えてはいけないのか

日本人の感覚ならば、富士山が見えるならテーマパークの設置にも最適だと思うかもしれないが、ディズニー側にとって、それはマイナス要素だった。

もし富士山麓にディズニーランドがあれば、園内のほとんどの場所から富士山が見えることになる。しかし、それはディズニーの世界観を壊しかねない。シンデレラ城の背景に富士山がそびえていたら、ビッグサンダーマウンテンの山容と富士山を見比べたら、歌って踊るミッキーマウスの頭上で富士山が夕日を浴びていたら……。きっと〝夢と魔法の国〟への没入感が薄れてしまい、興ざめしてしまうだろう。

ディズニーランドは、自然を排除した人工の楽園である。ランド内にも緑の植物はあるが、それはアトラクションの背景として人工的に仕立てたもので、自然を借景するわけにはいかなかったわけだ。

結果、富士山麓を一蹴したディズニー社の首脳陣が選んだのが、オリエンタルランドが用意した、浦安に広がる六〇万平方メートルの埋立地だった。

広いばかりで周囲には何もないと揶揄された埋立地だが、それがかえってよかったのである。ディズニー社首脳陣は、ヘリコプターで浦安の開発用地を上空から視察し、三方を海や河川に囲まれて非日常性が高いことを見て、大きな関心を示したといわれる。

浦安が選ばれたのは、首都圏に隣接していることや、三菱側とディズニー社の間で建設資金の負担やロイヤリティーの問題が合意に至らなかったことなど、ほかにも要因があるが、やはり立地も大きな要素にちがいない。

京成の名を冠した薬が売られていたことがある！

京成電鉄

大正から昭和にかけて私鉄会社は、鉄道やバスなどの輸送事業だけでなく、さまざまな事業を行なう多角化経営へ歩みを進めていた。たとえば百貨店運営や球団運営、不動産開発などだ。変わったところでいえば、阪急電鉄の宝塚歌劇団や大阪電気軌道（現・近鉄）の生駒山上遊園地などがある。

じつは京成も例外ではない。タクシー運営に乗り出したり、谷津遊園《やつゆうえん》などのレジャー施設を開いたりと多角化経営を進めていた。なかでもほかの私鉄会社には見られない独自な事業にも手を伸ばしていた。

それは食品加工業。一九三六（昭和一一）年から、幕張に約六〇〇〇坪の工場を建て、ハムやソーセージ、ベーコンなどの製造に着手したのである。また千住大橋駅のガード下で精肉市場を開くなどして、ユニークな事業展開をしていた。

ほかにも一九三八（昭和一三）年からは、どの私鉄会社もしたことがない事業に着手する。それはなんと、製薬業である。社内に薬品部をつくり、京成の名を冠した薬を製造、販売した。

とくに知られているのが「京成シミトール」という湿布。京成電鉄の社史によると「虫刺され・肩こり・疲れ・水虫・歯痛などの特効薬」と記されている。そのパッケージにはたしかにKeiseiのロゴがある。

戦時統合によって消滅

京成は京成シミトールを広く宣伝し、売り上げを伸ばしていった。主力商品として位置づけ、松竹歌劇団（ＳＫＤ）のスターだったターキー（水の江瀧子）を宣伝に起用したり、シミトール宣伝皇軍慰問使を結成したり、大いにコマーシャルを行なった。

しかし発売から五年足らずで、京成シミトールは市場から姿を消してしまう。

当時は、国家総動員法などの戦時体制が整うなかで、医薬品産業も国の統制を強く受けつつあった。一九四一（昭和一六）年に「医薬品及び衛生材料生産配給統制規則」が定められると、価格と配給、そして生産にまで統制が及ぶようになった。詳細はわからないが、こうした時勢のなかで京成電鉄の薬品業は廃止を余儀なくされ、京成シミトールの生産も中止となったのである。

薬をつくっていた鉄道会社は、日本中探しても京成だけである。

京成と京急を直接結ぶ実現に向けて動き出した新線構想

京成電鉄

現在、成田空港から羽田空港までは、京成線と北総線、都営浅草線、京急線の相互乗り入れによって直通運転が実現している。しかし、その所要時間は約一時間半もかかる。都営浅草線はカーブが多いうえ、急行列車を運転しようにも追い抜きのための待避線がないため、せっかく直通運転をしてもスピードが出せないからだ。

そこで新たに構想されているのが、京成線の押上駅から京急線の泉岳寺駅へと至るバイパス路線「都心直結線」である。既成の浅草線ではなく、両駅の間に新線を通して、スピードアップを図ろうという計画だ。

線路は大深度（約四〇メートル以深）の地下を掘削し、途中、東京駅近くに新東京駅を新設する。新東京駅の場所は、東京駅の西側二〇〇メートル、丸の内仲通りの地下が想定されている。これは、JR東京駅丸の内口と東京メトロ千代田線二重橋駅の中間地点で、地下鉄大手町とも隣接する位置だ。

この都心直結線のメリットは、都営浅草線よりカーブが少なくなるためにスピードアップが見込めることと、地下線のため用地買収が不要であることだ。さらに、大きな地震が起きた場合でも、地下が深くなるほど地震の揺れが少ないため、都営浅草線よりも安全度は高い。

この新線が実現すれば、新東京駅から成田空港駅が三六分、新東京駅から羽田空港駅までが一八分で結ばれる。つまり、成田空港と羽田空港間が約三〇分も短縮され、一時間ほどで繋がることになるのだ。しかも、都心の地下鉄の混雑緩和にもなる。政府は、年間利用者を八〇〇〇万人、うち空港利用者は一〇〇〇万人を見込んでいるという。

しかし、都心直結線を実現するには、解決すべき課題はある。すでに国土交通省は二〇一三（平成二五）年から調査費を計上して地質調査を開始しているが、実現のためには新駅建設やトンネル採掘費などで約四〇〇〇億円にも上る建設費が必要である。さらに、完成目標は二〇二三年頃で、東京オリンピックには間に合わないうえ、近年では成田空港の国内線、羽田空港の国際線の発着が増加しており、それぞれで国際線と国内線を乗り継ぐ機会も増えている。そんな状況下で、あえて巨額の資金を投じて成田と羽田と結ぶ必要があるのか、という疑問の声も少なくないのだ。

政府は、実現に向けて本格的に取り組むとしているが、果たして実現するのか。今後の動きに注目したいところである。

〝都心にもっとも近い秘境駅〟大佐倉駅に特急が停まる理由

KS 36

おおさくら
大佐倉
Ōsakura
京成本線

京成電車は、一日平均で約一五〇万人に利用されている。そのなかでもっとも利用客が多いのは都心へのアクセス駅である押上駅で、約二〇万人。二番目は北総線との乗換駅である京成高砂駅で約一〇万人である。

それとは反対に、利用客が少ない駅はどこだろうか。じつは利用客がもっとも少ない駅は、京成本線の大佐倉駅。一日平均三八一人（二〇一六年度）で、その次に少ない印旛日本医大駅（一二〇六人）からも大きく引き離されて最下位となっている。

大佐倉駅は〝東京都心にもっとも近い秘境駅〟といわれるほど賑わいの少ない駅だ。駅前にはコンビニひとつなく、野山の間に民家がポツポツと点在する光景が広がる。それもそのはず、一帯は、自然環境を保全するために都市化を制限する「市街化調整区域」に指定されていたため、開発されなかったからだ。

こうした秘境駅ぶりにもかかわらず、大佐倉駅にはなんと特急列車が停車する。一日二万人近い利用者がいる隣の京成佐倉駅なら当然だが、なぜ一日四〇〇人も利用しない駅も

大佐倉駅のホームのようす。駅のすぐ後ろ側まで木々が迫っており、とても特急停車駅には見えない。撮影時のドア開閉時間はわずか４秒ほどであった。

特急停車駅になっているのだろうか。

それは京成佐倉〜成田空港間は、特急とスカイライナーしか走らない時間帯があるためだ。午前一〇時台から午後五時台にかけての日中の時間帯である。もし特急が通過してしまったら、その時間は列車がまったく停まらない駅となってしまう。そのため、利用客がもっとも少ない駅といえども特急列車を停車させているのだ。

だがそれも通勤・通学の時間帯ではない日中のこと。利用客がほとんどいない大佐倉駅に停車する列車は、極端に停車時間が短く、ドアが開いてから閉まるまでわずか四〜五秒しかない。秘境駅に特急が停車する姿は、大佐倉駅ならではの珍しい光景である。

在来線最速のスカイライナー号 その秘密は線路にあった

成田スカイアクセス線

京成を走る車両のなかで、もっとも有名なのが成田空港と都心を結ぶスカイライナーであろう。現在走っている「ＡＥ形」は、スカイライナー用車両としては三代目。二〇〇九（平成二一）年に登場し、現在は八編成が運行している。大きく傾斜した流線形の車体と、藍色と白色の外観は山本寛斎氏がデザインした。内装のデザインも山本氏によって行われており、床の細かな市松模様などにも〝和〟のイメージがあしらわれている。

このＡＥ形の特徴は見た目だけではない。何より特別なのは、新幹線でもないのに一部区間で在来線最速の時速一六〇キロメートル走行をすることだ。これは私鉄の特急車両としては最速であり、都心部と成田空港を三六分で結ぶことを可能にしている。

じつはこのスピードを可能にするため、成田スカイアクセス線の線路には、特別な技術が使われている。

この設備を見ることができる場所は、成田湯川駅の東側。西側の複線区間と東側の単線区間が切り替わる場所に設置された三八番分岐器だ。特徴は全長一三八メートルという分岐器としては異例な長さである。通常使われるのは七〇メートルほど（一八番分岐器の場合）だが、高速走行を可能にするため、ポイントの直線側と分岐線側の角度を緩く、そして長くする必要があった。三八番分岐器は、ＪＲの高崎駅の近く上越新幹線下り線と北陸新幹線下り線の分岐部分に次いで二例目で、在来線としては日本初である。

スカイライナー号の走行に合わせた設備は、線路だけではない。一台の信号機で六種類の信号を出すことのできる「六現示六灯式信号機」もそのひとつだ。赤色一灯の〝停止〟、黄色一灯の〝注意〟、黄・緑色点灯の〝減速〟、黄・緑色同時明滅の〝抑速〟、緑色一灯の〝走行〟、そして緑色二灯の〝高速走行〟の六種類の信号である。これは、国内初導入の設備だ。

スカイライナー号が在来線日本一のスピードを出せるのは、車両の性能だけでなく、こうした縁の下の線路設備のおかげでもある。

成田湯川～成田空港間にある38番分岐器。138mもの長さがあり、高速走行（時速160km）をしながらの分岐が可能になっている。

佐倉や成田のホームにある高いベンチいったい何のためにある？

京成本線

成田空港から京成本線の上り線に乗る機会があれば、一番後ろに乗ってみることをおすすめする。そして佐倉市域を走るまでの間、各駅のホームを見てほしい。京成成田駅や京成佐倉駅など、ホームにベンチと思しき台を見かける駅がある。しかし、高さは六〇センチメートルほどでベンチにしては台座が高すぎるし、背もたれもない。

じつはこれはベンチではなく大荷物を置くための台。座るためでないので、台座が高いのも、背もたれがないのも当たり前である。だが、なぜこのような台が置かれているのか。京成成田駅や京成臼井駅などからは、早朝に行商へ出る人がいる。彼らは近隣で採れた野菜が入った段ボール箱をいくつも持ってきて駅へやってくるが、その荷物台として使われているのだ。

ネットショッピングが流行るこの時代に行商とは意外だが、じつは京成は古くから行商人御用達の路線だった。沿線からの行商が盛んになったのは、関東大震災の直後に被災地の東京へ農作物を届けてからである。当時は道路交通が十分に発達していなかったため、

京成佐倉駅のホームに置かれている行商専用の荷物台。ほかにも京成成田駅や京成酒々井駅に置かれている。

みな鉄道を利用していた。やがて京成では一九三五（昭和一〇）年から約三〇年間にわたり、通称〝菜《な》っ葉《ぱ》列車〟と呼ばれる行商専用列車を走らせた。

専用列車が廃止されたあとは、芝山千代田駅朝七時四六分発の列車の最後尾が「嵩《かさ》高《だか》荷物専用車」という行商専用の車両に指定されていた。「これは行商専用列車です」と書かれたステッカーが窓に貼られていた光景を記憶している人もいるだろう。しかし行商人の減少が理由で、二〇一三（平成二五）年三月にこの車両も廃止された。

しかし長距離を乗車する行商人が京成にとってお得意様であることには変わりない。現在は一般の乗客と同じ車両に乗るが、荷物台などで便宜を図っているのである。

なぜここに京成のロゴが？
意外な観光地を押さえる京成電鉄

京成電鉄

千葉県富津《ふっつ》市と鋸南《きょなん》町にまたがる鋸山《のこぎりやま》は、千葉を代表する景勝地である。その名の通り、ノコギリの歯のような形の稜線をしており、東京湾を往来する船からも目印とされてきた絶壁の岩山だ。江戸時代に石切場だった垂直の岩肌が現存している。

ほかにも山中の日本寺にある石切場跡に彫った百尺観音や高さ一〇〇メートルの断崖絶壁から突き出したスリル満点の地獄のぞきの岩など、見どころが尽きない。

この鋸山にはロープウェイがある。全長六八〇メートル、高低差二二三メートルで、鋸山山麓駅から鋸山山頂駅を片道四分で結ぶ「鋸山ロープウェー」だ。千葉県で唯一のロープウェイとして有名である。

ここで運行されているのは、黄色の「かもめ」と赤の「ちどり」という二台のゴンドラである。この正面の窓をよく見てみると、窓の右上に小さく京成のロゴマークがあることに気付くだろう。

じつはこの鋸山ロープウェーは、京成グループの一員。京成電鉄の一〇〇パーセント子

下から見た鋸山ロープウェーのゴンドラ。この正面の窓の右下に「K▼ＳＥＩ」と書かれた、京成のロゴマークがある。

会社である。その証拠に、鋸山ロープウェーの臨時運行やイベントなどの告知は、京成グループが窓口となっている。夏季限定の夜間運行やダイヤモンド富士鑑賞ツアーなど、楽しそうなイベントが数多く催されている。

つくばの霊峰も開発

鋸山と同様、京成電鉄は、ほかの山の観光開発も行なっている。それが関東を代表する名峰、茨城県の筑波山《つくばさん》である。

筑波山は、標高八七一メートルの男体山《なんたいさん》と標高八七七メートルの女体山《にょたいさん》の二つの峰からなる。近年はパワースポットとしても人気だ。

男体山の方は、もともと一九二五（大正

京成電鉄の子会社である筑波観光鉄道が運営する筑波山ケーブルカー。窓の左下に、鋸山ロープウェーと同様、京成のロゴマークがある。

一四）年に開業した筑波山鋼索鉄道によって、中腹と頂上を結ぶケーブルカーが運行されていた。これが一九三七（昭和一二）年に京成の傘下となる。やがて戦後、高度経済成長期になると、京成が筑波山の総合開発を計画し、一九六五（昭和四〇）年につつじが丘駅と女体山駅を結ぶ筑波山ロープウェイを開業したのである。

さらに京成は、筑波山京成ホテルを建てたり、筑波町と共同で筑波スカイラインを建設したりと、筑波山の観光を一手に担った。

鋸山と筑波山が観光地として我々を楽しませてくれるのは、京成のおかげだったのである。

第二章

空の上から見てみよう！地理と路線の不思議地図

古写真でついに謎が解明!?
新京成がカーブだらけな理由

新京成線

新京成電鉄は、京成津田沼駅から新鎌ヶ谷駅を通り、JR常磐線が乗り入れる松戸駅までを結んでいる。「新」を冠して京成電鉄とは別会社となっているが、京成グループの一員である。

新京成電鉄は、一九四六（昭和二一）年に京成電鉄の子会社として設立された。当初は「下総電鉄」という社名にする予定だったが、京成グループの新しいブランドであることを定着させるため「新京成」へ改称した。あくまで別会社として設立したのは、本社の決裁を仰がず早急に開業へ漕ぎつけるためだったともいわれている。そして翌年に新津田沼～薬園台間の二・五キロメートルが開業。その後、薬園台駅から少しずつ松戸方面へ延伸し、一九五五（昭和三〇）年に全線開業した。

この新京成電鉄、地図を開けば一目瞭然だが、やたらとカーブの多い路線である。とくに鎌ヶ谷市域や船橋市域では、何度も進行方向を変える急カーブがある。新京成電鉄のS字のシンボルマークも、カーブが多いという特徴を表わしたものだ。

鉄道聯隊が敷設した線路

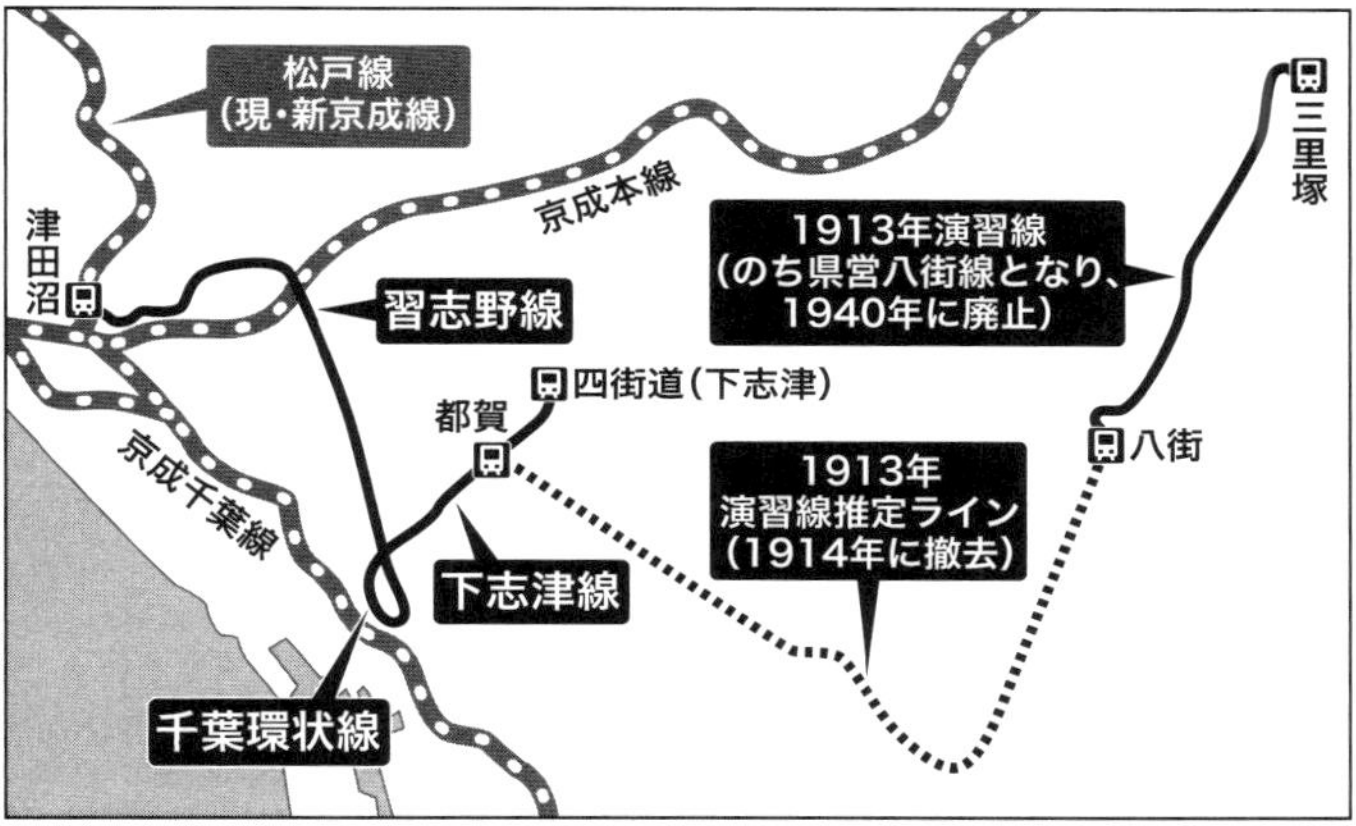

鉄道聯隊は都賀〜三里塚までの長大な路線を1913年に敷設したほか、下志津線や聯隊本部を囲む千葉環状線、千葉から津田沼を結ぶ習志野線、新京成線に転用されている松戸線を敷設した。

鉄道聯隊が遺したカーブ路線

新京成線のカーブの謎を探るには、この路線の沿革を知る必要がある。

じつはほとんどの区間は、戦前に陸軍鉄《てつ》道聯隊《どうれんたい》が演習用に敷設したものを転用している。鉄道聯隊は、戦地での鉄道の敷設や運転をするための部隊。都賀《つが》〜三里塚《さんりづか》に至る演習線や、四街道〜都賀間の下志津線、千葉〜津田沼間の習志野線、千葉駅北口から北側の轟町までの範囲を一周する千葉環状線、そして新京成線に転用された津田沼〜松戸間の松戸線なども演習線として敷設していた。

これらの路線のうち、松戸線をカーブだらけにしたのは、さまざまな形の線路を敷設する技術や、線形に合わせた高度な運転技術を磨くためだったといわれている。つまり練習用にわざとカーブを多く敷設したというわけだ。

また一方で、演習のなかで線路の破壊や復旧をする際、一個大隊で四五キロメートルを受け持っており、カーブで距離を稼いで四五キロメートルに合わせたという説もある。確かに松戸から津田沼を経て千葉までの区間を合わせると四五キロメートルになる。

地形から見るカーブの要因

以上が、鉄道聯隊がカーブの多い、曲がりくねった路線を敷いた理由として一般的にいわれている説だ。しかし別の理由があるともいわれる。

地形が描かれた古い地図を見てみるとわかりやすい。松戸市域や鎌ヶ谷市域一帯は、現在のように平らな台地ばかりではなく、小さな谷が複雑に入り組んでいる。そして鉄道聯隊のルートは、その谷を避けるように敷設されているのである。

谷を避けたのは、橋梁や切通しの工事を少なくするためだ。鉄道聯隊が松戸線を敷設したのは一九三二（昭和七）年頃。昭和恐慌のなかにあり、予算削減のために橋梁を少なくして敷設したのではないかと考えられている。

さらに『地形で読み解く鉄道路線の謎』を著した竹内正浩氏によると、江戸時代に野馬

1944年の鎌ケ谷市域

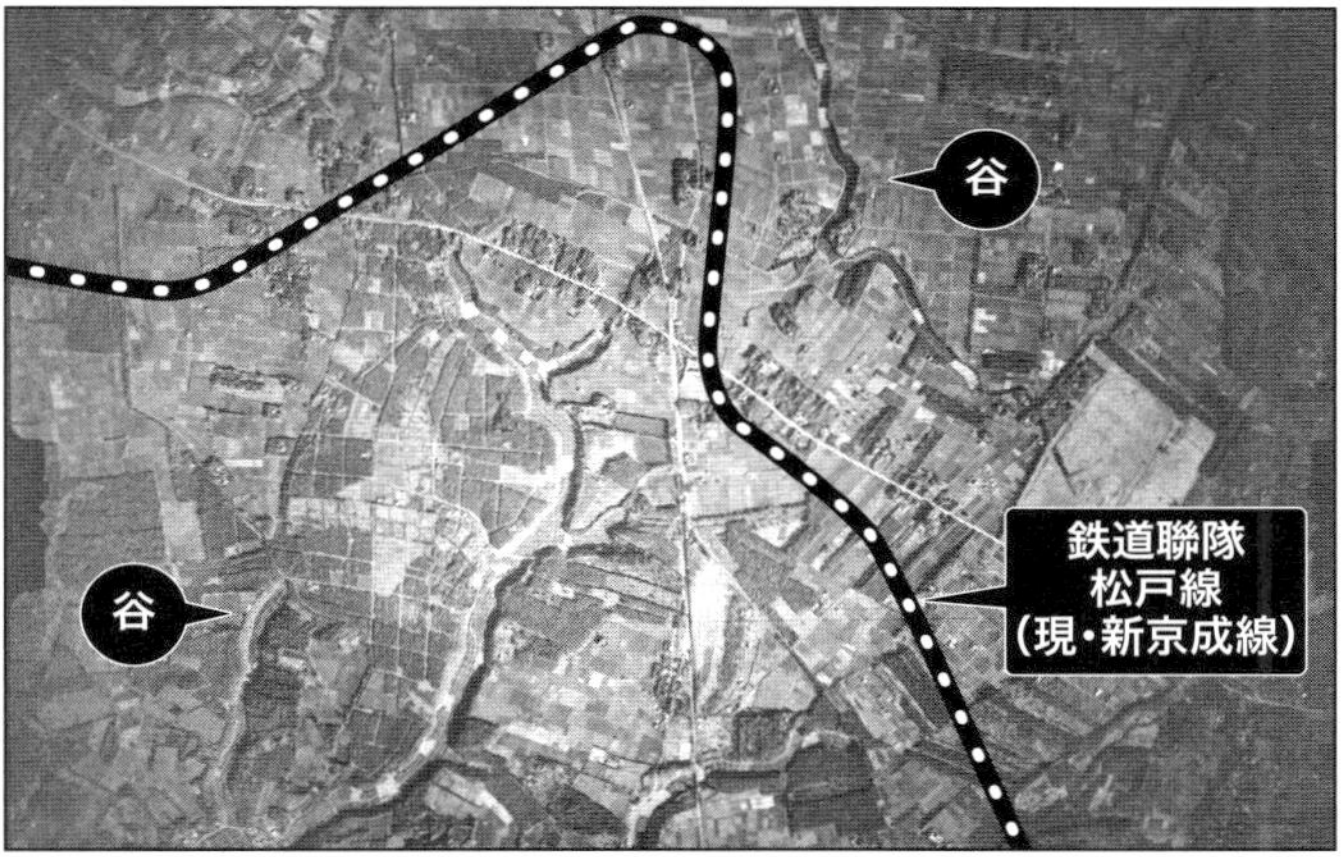

一帯で宅地造成がなされる前の1944(昭和19)年の航空写真を見ると、鉄道聯隊松戸線が谷筋を避けるように敷設されていることがわかる(国土地理院航空写真を加工して作成)。

鉄道聯隊の本部が置かれていた千葉公園には、訓練で使用したコンクリート製のトンネルが現存している。

を囲っていた「野馬除土手《のまよけどて》（九五ページ参照）」を避けた可能性もあるという。

鉄道聯隊が何を考慮して松戸線を敷いたのか、諸説飛び交っているものの未だ判然としない。実際に鉄道聯隊が敷設した路線が現存しているのは新京成線だけである。曲がりくねった線路は、貴重な鉄道遺産のひとつである。

京成上野～日暮里間の地下線が異様に曲がりくねるワケ

KS 01
けいせいうえの
京成上野
Keisei-Ueno
京成本線

京成本線の都心寄りの起点は、上野中央通りに面した京成上野駅である。上野公園の南端に位置し、京成では珍しい地下構造をもつ駅だ。現在、外国人観光客の増加に対応するため、改修工事が行なわれている。

この京成上野駅から隣の日暮里駅の手前までは地下線を走る。じつはここの区間、やたらとカーブが多いことで有名だ。京成上野駅を出発した列車は、いきなり右へ曲がったあとは続いて左にカーブ。さらにその後も左カーブ、右カーブと続いてようやく地下トンネルから出て地上線となる。

カーブのたびに車輪がきしむ「ゴゴゴゴオー！」という轟音がトンネル中に響き、列車内では会話もままならない。そればかりか、スカイライナーなどもこの区間では自慢のスピードが出せないという状況も生んでいる。

なぜ急カーブの多いルートにしたのか。地下線として建設したのであれば、直線のほうが建設費も安く、つくばエクスプレスのような高速列車を走らせることもできたはずである。

だが、敷設の経緯を紐解くと、急カーブにせざるを得ない理由があったのだ。

何より優先された桜の木

京成にとって東京都心部への乗り入れは悲願だった。詳しくは九〇ページで述べるが、浅草乗り入れをめぐって東武鉄道に先を越された苦い経験がある。上野乗り入れはようやく手にした都心進出の切符だった。

しかし、ここで京成は東京市（現・東京都）から、思わぬ要求を突き付けられる。当初

京成本線の上野地下トンネル区間

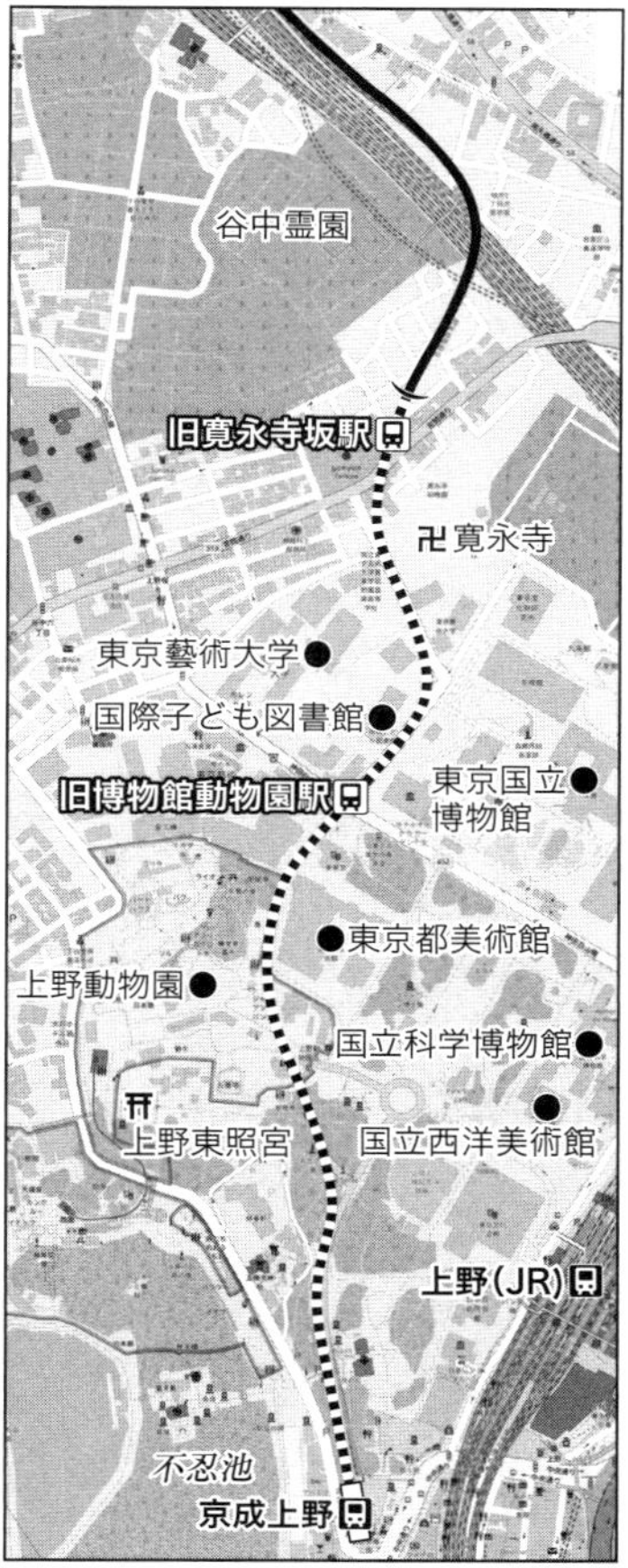

日暮里～京成上野間の線形。桜の木の根を傷つけることを避けるため、公道沿いか、または施設内の通路沿いに敷設されていることがわかる（©OpenStreetMap）。

から地下線を建設することになっていたが、この工事の際、上野公園の名物である桜の木を傷つけてはいけないと、ルートに制限がかけられたのである。

では、深い場所にトンネルを掘って桜の木の根に影響しないようにすればよいと思えるが、それも無理なことであった。上野山の地中深くには寛永寺の井戸水となっている地下水が流れており、深いトンネルを掘るわけにはいかなかったのだ。

そこで京成は妙手を打つ。樹木のない道路の真下を通すルートを選んだのである。上野公園内も樹木が植えてある区画ではなく、歩道の下を通るようにしたのだ。そして一九三二（昭和七）年から工事がはじまり、翌年暮れに無事工事は完了。これで念願の都心乗り入れを果たすことができた。

上野公園一帯の地図を見ると、京成上野〜日暮里間の線路が道路の下を通っていることがわかる。京成上野駅からつながる地下線は、駅のある上野公園の南端から、公園のメインストリートを北上する。その後は左へ曲がりトーテムポールと上野大仏に挟まれた小道を進み、上野動物園を通過する。やがて公道へ出ると、東京都美術館脇を進み、国際子ども図書館の角を左折。そして言問通りの交差点まで直進し、地上線となる。

現地を歩く機会があれば、この図書館の角で耳を澄ませてみてほしい。車輪がきしむ「ゴゴゴゴオー！」というあの音が、地下からかすかに聞こえてくるはずだ。

KS 16
けいせいやわた
京成八幡
Keisei-Yawata
京成本線

都営線の駅なのに場所は千葉
都営新宿線本八幡駅の謎

京成電鉄の本社は、かつては押上にあったが、二〇一三（平成二五）年に移転し、現在は京成八幡駅の前にある。ガラス張りの七階建てのビルで、地上一階部分には飲食店やコンビニなどが入っている。

この京成八幡駅周辺は千葉県市川市の中心地である。駅の南側にはＪＲ総武線の本八幡駅が並び、両駅をつなぐように都営新宿線の終点・本八幡駅がある。

この三つの駅のなかに、都営新宿線の駅が含まれていることに疑問を感じる人もいるだろう。都営地下鉄の駅なのに千葉県内に置かれているのである。都営浅草線や都営三田線など、都営地下鉄のほかの路線には、東京都以外に駅はない。

東京都が本八幡駅を設けたのは一九七三（昭和四八）年、東京都と千葉県の間で交わされた覚書がきっかけだった。北総台地で開発が進められていた千葉ニュータウンと東京都心を結ぶ鉄道として、一〇号線（現・都営新宿線）を本八幡駅まで延伸させ、さらに千葉ニュータウンへ至る鉄道を計画したのである。都心から本八幡駅までが都営新宿線で、本八幡駅から千葉ニュータウンまでが千葉県営鉄道北千葉線とする予定だった。このときから都営新宿線には本八幡駅を設置することが決まっていたのである。

千葉ニュータウンの不振により頓挫

計画されていた北千葉線がないのは、ニュータウン開発の先細りが原因だった。

千葉ニュータウンは、北総台地の約三〇〇〇ヘクタールを開発し、三四万人の人口を想定していた一大プロジェクトだった。しかしオイルショックの影響で居住者数が当初ほど見込めず、計画は縮小していった。

そうなると今度は千葉県が北千葉線に尻込みをはじめる。沿線人口が見込めず、さらに物価や建設資材が高騰するなかで鉄道を敷設するメリットがなくなってきたのだ。実際、ニュータウン予定地外の本八幡～小室間では、用地買収が遅々として進んでいなかった。

また千葉ニュータウンへのアクセス線はほかにもあった。北千葉線とは別に京成電鉄が主体となって設立した第三セクター・北総開発鉄道（現・北総線）も同時に計画されており、ニュータウン計画の不振とともに、北千葉線の必要性が薄れていった。

そうした事情から千葉県は一九七八（昭和五三）年、北千葉線のうち小室～印旛松虫（現・印旛日本医大）間の免許を宅地開発公団へ譲渡（のちに北総線の一部となる）。残り

千葉県営鉄道北千葉線の予定ルート

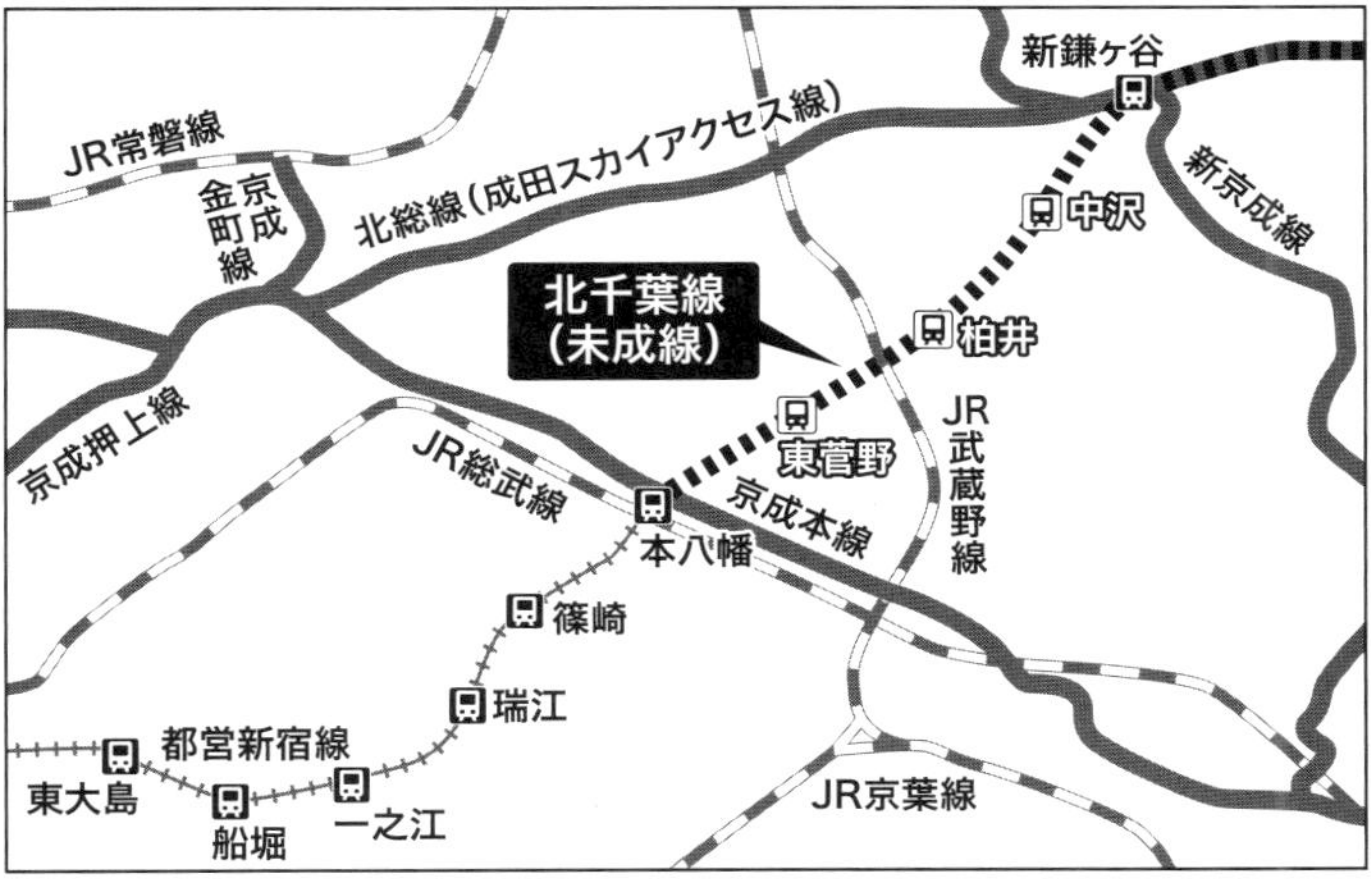

千葉県の手で行なわれるはずだった北千葉線の計画ルート。本八幡駅で都営新宿線の線路からそのまま延伸し、新鎌ヶ谷からは北総線と並走する予定だった。

の本八幡～小室間は凍結することになった。

これにより都営新宿線との連絡も頓挫したが、東京都は諦めなかった。当時東大島駅まで延伸していた東京都は、せめて京成本線とJR総武線が通る八幡に是が非でも乗り入れる必要があった。そうでなければ終点が袋小路となり、新宿線自体が中途半端な路線になってしまうからだ。そして千葉県や市川市と協議を重ねながら、徐々に延伸していき一九八九（平成元）年にようやく本八幡駅を開業したのである。

千葉ニュータウン開発に振り回された東京都だったが、当初の計画通り本八幡駅へ延伸することによって、千葉と都心部を結ぶという目的は果たしたのである。

KS 40

けいせいなりた
京成成田
Keisei-Narita
京成本線

鉄道の影もないのに成田の尾根道が〝電車道〟と呼ばれるワケ

成田山新勝寺《しんしょうじ》の表参道から一本外れた市道は、通称電車道《でんしゃみち》と呼ばれている。京成成田駅の西口から飲食店街を通り抜けて交差点を北へ。緩やかな直線の上り坂を上ったあと、トンネルを二つくぐり、成田幼稚園を西側から迂回して新勝寺の前の参道に突き当たる道である。

この道の途中にある、レンガ造りの二つのトンネルは、観光バスが通ればギリギリの幅しかないような細いトンネルだが、その歴史は約一〇〇年にも及び、ともに土木学会選奨の土木遺産に認定されている。

これらのトンネルには「成宗電車《せいそうでんしゃ》第一トンネル」「成宗電車第二トンネル」という名前がある。現在では道路にあるトンネルだが、その名の通り、成宗電車という電車のトンネルだった。

成宗電車は、成田山新勝寺と宗吾《そうご》霊堂を結ぶために敷設された鉄道である。正式には成宗電気軌道（のち成田電気軌道に改称）と称し、一九一〇（明治四三）年一二月に省線駅前（のち成田駅前）～不動尊門前間、翌年一月に省線駅前～宗吾間を結んだ。この鉄道は、千葉県内を走った最初の電車だった。

町を二分する騒ぎに

成宗電車の開業までの道のりは容易ではなかった。成宗電車の開業によって客を取られることを恐れ、一五〇台近くの人力車夫たちを中心に地元から猛反対を受けたのだ。

加えて成宗電気軌道が申請したルートが、さらに開業を難しくした。成宗電車は、新勝寺の表参道に軌道を敷設するつもりでいたからだ。しかし成田駅付近の商店や旅館などは、観光客に電車で素通りされては商売にならない。そのため人力車夫たちへ加勢して猛烈な反対運動を展開した。

一方これに対して、新勝寺の門前に近い田町などの住民は、逆に賛成を表明する。すると成田町は賛成派と反対派で二分され、その対立は台町（花崎町、上町、仲町）と下町（田町、砂田、本町）に分かれて乱闘騒ぎまで起きるほど激しかったという。

こうした経緯を受け、成宗電気軌道は軌道を参道に通すことを諦め、参道ではなく、その東側の裏手にある台地から門前に至るルートに変更した。参道上であれば、現行の道に軌道を敷くだけで済んだはずだったが、台地に新しく専用軌道を通したため、一部にトンネルが掘られた。それが現在に残る二つのトンネルである。

一九二五（大正一四）年、この成宗電車を運営する成田電気軌道を傘下に入れたのが、京成電鉄の前身・京成電気軌道だった。新勝寺の門前に横付けする成宗電車を自社路線に接続して、東京の押上から新勝寺山門前まで直通させようという計画を立てたのである。

しかし、京成の路線延長も、成宗電車の路線敷設のときと同様、成田駅付近の住民の反対を受けて大いに難航した。駅付近の用地買収がなかなか進まず、一九二六（大正一五）年一一月に京成の成田駅を開業したが、現在の京成成田駅から三〇〇メートルほど南と、当初の計画より大分手前の仮停車場であり、暫定開業という形だった。その後も用地買収のための交渉を続け、ようやく成田停車場（現・京成成田駅）が開業したのは一九三〇（昭和五）年四月のことだった。これで京成は、名実ともに東京と成田を結ぶ〝京成電車〟となったのである。そして成宗電車は京成傘下の成田鉄道（一九二九年に成田電気軌道より改称）宗吾線となった。

こうしてやっと念願の成田までの延伸を果たした京成だったが、太平洋戦争が激化すると、遊覧的色彩の高い宗吾線は政府の命令により営業廃止へと追い込まれた。

その後、成宗電車が復活することはなく、線路跡は、現在市道となっており、冒頭の二つのトンネルだけが千葉県初の電車がここを走っていたことをいまに伝えている。

新勝寺前まで走っていた成宗電車の軌道跡

成田山新勝寺
表参道
江戸時代の門前町の風情を残した参道。ここの商店街が成宗電車の乗り入れに反対した。
不動尊
京成本線
省線駅前
成田(JR)
京成成田
成宗電車跡
論田
JR成田線
トンネル跡
成宗電車が走ったトンネル。当初は表参道を通る予定だったが、反対されたため起伏のある裏側から通すことになり、トンネルを二基建設した。

新勝寺の参詣客輸送のために門前に乗り入れた成宗電気軌道のルート。参道の裏側にレンガ造りのトンネルが残っている(© OpenStreetMap)。

成田スカイアクセス線
北総線

メガソーラー、路盤、道路……数々の遺構を残した成田新幹線計画

成田スカイアクセス線を利用して成田空港へと向かっていると、千葉ニュータウン中央駅の西側から印旛日本医大駅の付近までの約一〇キロメートルに渡って、線路沿いに太陽光パネルが続いている。この太陽光パネルは、東京都が出資する官民連携ファンドが運営する大規模太陽光発電所（メガソーラー）で、年間で標準的な家庭四〇〇〇～五〇〇〇世帯分に相当する発電能力をもつという。

このメガソーラーが置かれている線路沿いの土地は、実現しなかった「成田新幹線」の建設予定地だったところだ。二〇一七年（平成二九）六月にメガソーラーが設置される前は、鉄道用の細長い形をした土地なだけあって、活用の方途が見つからずに長年放置されていた。

だが印旛日本医大駅以東にいたっては、一部道路となっている土地を除いてほとんどが空き地のままである。加えて、千葉ニュータウン中央駅の北側に広がる広大な空き地も、かつて成田新幹線の駅として計画されていた千葉ニュータウン駅（仮称）が建つはずだっ

車窓から見たメガソーラー。成田スカイアクセス線の線路と並行して、千葉ニュータウン中央駅の西側から印旛日本医大駅まで敷きつめられている。

た場所で、いまだ手付かずだ。こうした多くの空き地を生んでいる成田新幹線とは、いったいどんな計画だったのだろうか。

京成を押しのけて空港へ

一九九一（平成三）年に京成線とＪＲ成田線が成田空港第一ターミナルビル直下へ乗り入れるまで、成田空港への鉄道アクセスが非常に不便だったことは周知の事実である（二三ページ参照）。これは国策で進められていた成田新幹線計画が優先されたためだ。

日本政府は、国際空港の建設地を成田市に閣議決定した一九六六（昭和四一）年から、東京と新空港を結ぶ新幹線を建設する方針を固めていた。だからこそ、京成が成田空港への乗り入れを希望した際、新幹線の整備スペースをふさいでは困るという理由から第一ターミナルへの乗り入れを拒否され、連絡バスが必要な辺鄙な場所に成田空港（現・東成田）駅を開業せざるを得なかったのである。

計画されていた成田新幹線とは、東京駅を出て総武本線貨物支線越中島貨物駅付近で地上に出てから千葉県に入り、成田新幹線唯一の途中駅となる千葉ニュータウン駅を通過して成田空港へと至るルートである。最高時速二五〇～二六〇キロメートルで走り、東京～成田空港間を所要時間三〇分で結ぶ。東京駅のホームは、いまの東海道新幹線などのホームが並ぶ八重洲口側ではなく、東京駅と有楽町駅のほぼ中間に位置する鍛冶橋通りの地下に予定されていた。ＪＲ京葉線の東京駅ホームがその予定地だったといわれている。

一部用地は成田スカイアクセス線に転用

成田新幹線計画は、一九七六（昭和五一）年度に開業するつもりだった。しかし、新幹線が通過する地域では、騒音や振動に対する懸念などから激しい反対運動が起こった。一九七四（昭和四九）年から工事が始まったものの、用地買収は千葉ニュータウン内を除いて遅々として進まなかった。路盤などの施設を着工できたのは東京駅や成田空港駅に加え、空港から約八キロメートル離れたＪＲ成田線との交差地点（成田市土屋）までの区間だけ

成田新幹線のルートと用地の現状

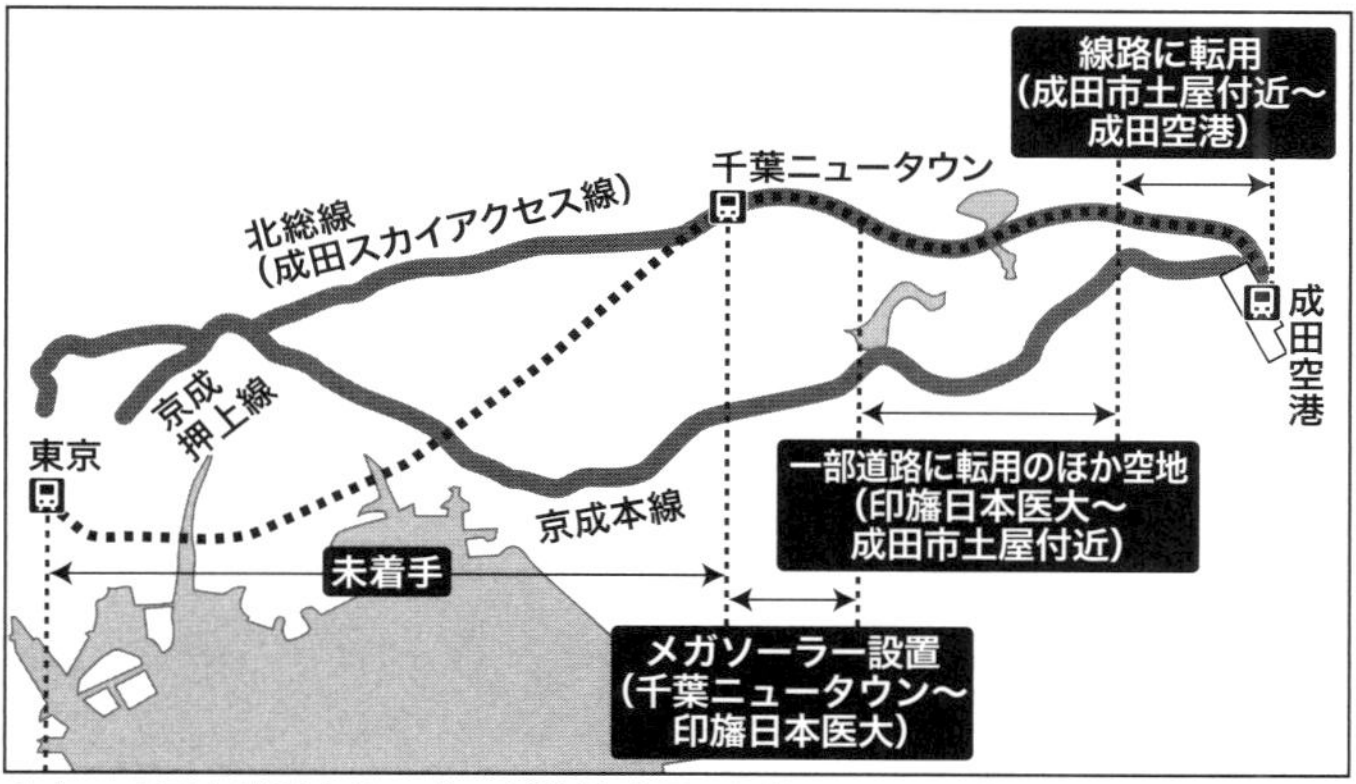

東京〜成田空港間を結ぶ成田新幹線計画は頓挫したが、千葉ニュータウン駅予定地以東は北総(成田スカイアクセス)線の横に用地を準備していたため、メガソーラーや道路などに転用されている。またJR成田線と交差する成田市土屋付近から成田空港まで完成していた路盤は、JR線や成田スカイアクセス線が走っている。

で、他の区間は着工すらできなかった。

結局、一九八三(昭和五八)年五月に工事は凍結し、国鉄が分割民営化した一九八七(昭和六二)年四月、成田新幹線の計画は正式に廃止されたのである。

そして用地買収が済んでいた千葉ニュータウン中央駅以東は、成田スカイアクセス線沿いに空き地が残ることになった。一方、廃止前に建設されていた成田空港〜成田市土屋の路盤には、現在、JR線や成田スカイアクセス線が走っている。成田新幹線計画が廃止されたあと、この路盤をつかって成田空港へ乗り入れたのだ。時速一六〇キロメートルのスピードで成田スカイアクセス線を走るスカイライナー号は、新幹線の生まれかわりといってもいいだろう。

ニュータウン開発に合わせ電車を半地下に通した公津の杜

KS 39
こうづのもり
公津の杜
Kōzunomori
京成本線

千葉県成田市にある公津の杜は「人間にやさしい街づくり」をテーマに、京成電鉄によって開発されたニュータウンである。計画的な区画整理事業でつくられたため、マンションや一戸建て住宅、公園などが整然と並ぶ、落ち着いた街並みが広がっている。ニュータウン内には、大型ショッピングセンター「ユアエルム成田」や、図書室、コミュニティセンター、子育て支援センターが併設された公共施設「もりんぴあこうづ」などが整備され、生活がしやすい。さらには徒歩圏内に公設地方卸売市場である「成田市場」などもあり、食材には事欠かない。二〇一六（平成二八）年には国際医療福祉大学も開校した。

その公津の杜のなかに、ひと際目立つ三階建てのビルがある。正面と左右の壁には、アーチ型のガラス製のカーテンウオールが大きく設えてある。屋根にピラミッド形の天窓をのせた姿は、まるで美術館のようだ。

この建物、じつは京成本線の公津の杜駅の駅舎である。しかし、どう見ても駅には見えない。なにしろ、周囲を見渡しても、線路らしきものは見当たらず、電車が走っている姿

京成本線公津の杜駅の駅舎。美術館のような外観に加え、電車が走る姿が見えないため一瞬見ただけでは駅だと気づかない。

公津の杜駅のコンコース。ピラミッド型のガラス天井から降り注いだ光が、吹き抜けから直接届くため明るくなっている。

も見えない。かといって京成本線は地下鉄ではない。

町の一体性のために線路を埋める

線路と車両の姿が見えないのは、公津の杜駅の前後の区間で、線路が半地下になっているからである。その理由は、巨大な鉄道施設や踏切などによって、町が分断されることを避けるためだ。確かに町の真ん中を鉄道の築堤が貫いていたら、町としての一体性は損なわれる。ニュータウンのなかには、分断を防ぐためにわざと鉄道を町はずれに通すケースもあるが、これでは住民にとって不便である。そこで鉄道によって町を分断せず、かつ利用者が便利なようにと考え出されたのが、ニュータウンの中央に人工的に切り通しをつくって線路を通すという方法だった。

しかも敷設する際、半地下の部分を掘ったわけではなく、先に線路をつくったあとに周囲を盛土で嵩上げした。駅周辺の地盤が低かったため、高コストだとしても地盤全体を嵩上げするほかなかったのである。

ニュータウンとともにつくられた公津の杜駅は、その「人間にやさしい街づくり」というコンセプトに沿って、駅舎の内部も非常に工夫が凝らされている。駅舎のコンコースは、屋根までが広い吹き抜け構造になっており、自然光が降り注いでいる。さらにコンコース

印旛日本医大駅の駅舎。西洋チックな尖塔と要塞のようなドームが印象的なデザインとなっている。

から降りた先にある半地下のホームには、アーチ状に組んだライトグリーンの鉄骨にホワイトのシートをかけた屋根がかけられており、自然光が届いて半地下ながら明るくなるような仕組みになっている。

　こうしたデザイン性が高く評価され、公津の杜駅は一九九七（平成九）年に当時の運輸省によって「関東の駅百選」に選定された。〝ホームに透明な幕を使用した美術館を思わせるモダンなデザインの駅〟というのが選定理由である。

　この「関東の駅百選」には、北総線の印西牧の原駅や同じく印旛日本医大駅も入っている。前者はアーチ型の屋根、後者は西欧の教会を思わせる尖塔が特徴である。公津の杜駅とともに見ておきたい名駅舎だ。

SL 01

松戸《まつど》

Matsudo

新京成線

松戸駅前の公園の道 明治の競馬場のコース跡だった！

新京成電鉄の西側の起点となっているのが、JR常磐線も乗り入れている松戸駅。駅の周囲には百貨店や飲食店街が広がり、松戸市の中心地としての賑わいを感じられる。東口を出てペデストリアンデッキを直進すると、イトーヨーカドーにたどり着く。この裏側には、松戸中央公園や聖徳大学《せいとくだいがく》など緑あふれる空間が広がる。

このイトーヨーカドーと公園の間にある道、じつは競馬場のコース跡である。一帯は明治から大正にかけて競馬場だった場所。大正期の旧版地図を見ると、はっきりと「松戸競馬場」と記されており、コースのうち西側のカーブが、イトーヨーカドー裏の道とぴたりと符合する。

この地に競馬場がつくられたのは一九〇五（明治三八）年末。日清戦争や日露戦争が終結した折、両戦争の反省として優秀な軍馬の育成と供給体制の整備が問題になっていた。そして軍馬を育てるために競馬を盛んに開催しようという機運が高まり、松戸にも競馬場がつくられたのである。この場所は日本鉄道株式会社（国鉄の前身）の社有地であり、か

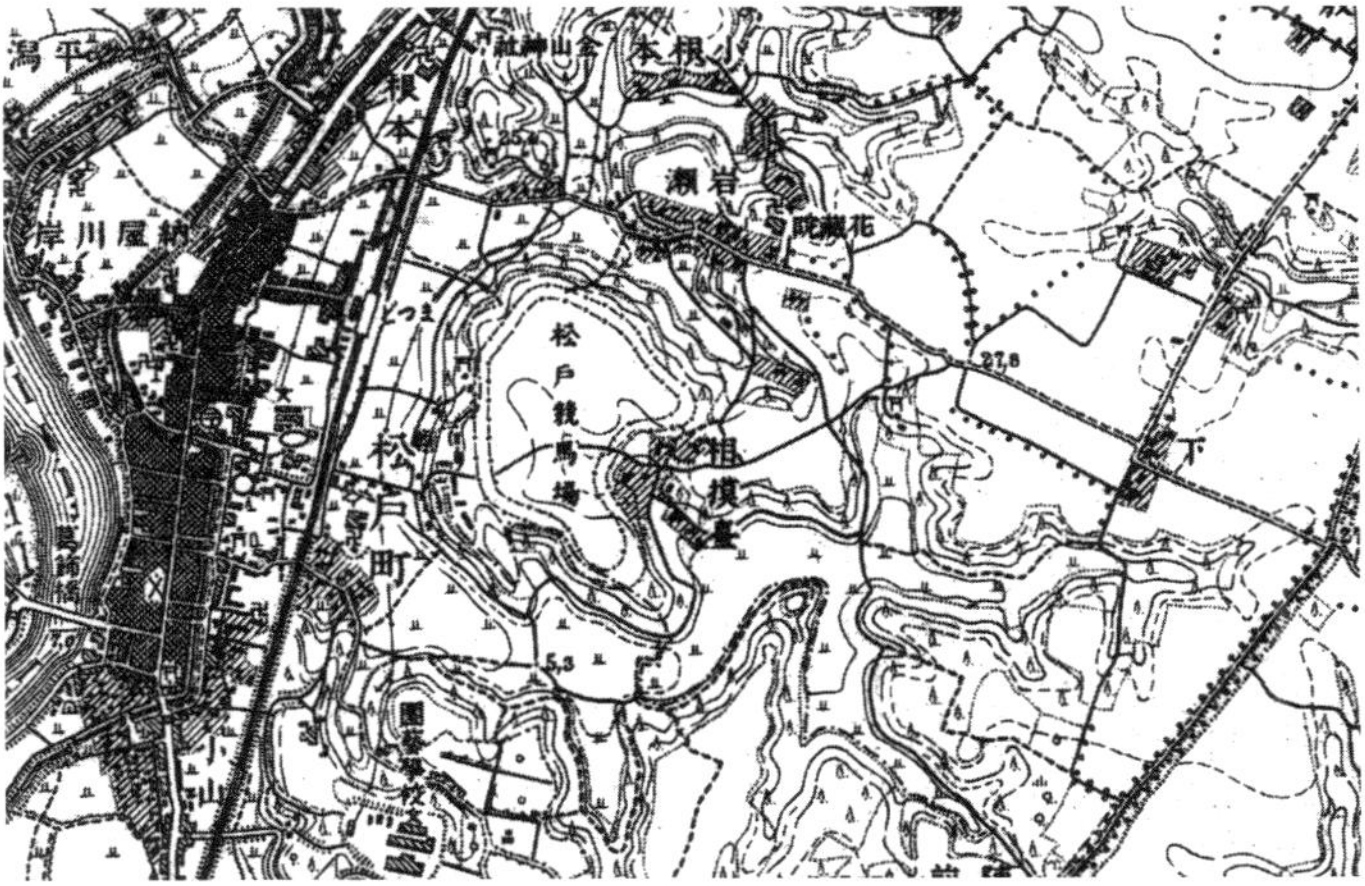

1917（大正６）年測量の松戸駅周辺の地図。歪な形をした松戸競馬場のコースが確認できる（国土地理院『1/25000・松戸』1919年発行）。

つ岩倉具視《いわくらともみ》を祀る神社の勧請予定地で、それを競馬場の主催者たちが譲り受けた。

当初は半マイルのコースで競馬を行なっていたが、一九〇七（明治四〇）年に総武牧場株式会社（二年後に松戸競馬倶楽部へ改称）が結成されると施設を一新。コースは一マイルに拡張され、三棟の馬見楼と二棟の厩舎がつくられた。競馬は春と秋しか行なわれなかったが、それでも人気があり、シーズン中は多くの人が押しかけたという。

その後一九一八（大正七）年に陸軍省がこの地を買収し陸軍工兵学校が創設されたことで、競馬場はなくなる。それでも、松戸競馬倶楽部は中山倶楽部と改称し、中山競馬場へ移転する。いま大人気の中山競馬場のルーツは、松戸にあったのである。

KS 06

けいせいせきや
京成関屋
Keisei-Sekiya
京成本線

いつも見慣れている荒川はじつは人工の川だった！

京成本線の下り列車は、京成関屋駅を過ぎると荒川を渡る。車窓から見えるゆったりと流れる荒川と広い河川敷は、見覚えのある人は多いだろう。この付近は人気テレビドラマ「3年B組金八先生」の舞台となった場所。オープニングに毎回登場する荒川の土手は、このドラマを想起させる。

昭和のお茶の間を象徴する風景だが、なんと昔、ここには川など流れていなかったらしい。じつはいま我々が見ている荒川は人工的に掘った放水路で、荒川は別の場所を流れていた。

荒川の水が流れていたのは、東京の中心を流れる隅田川である。

現在の荒川は、奥秩父を源流とし、埼玉県の熊谷市の西を通り東京湾へと流れ込む流路延長一七三キロメートルの一級河川である。一方、隅田川の源流部は荒川の途中に設けられた東京都北区の新岩淵水門で、そこから分岐して二三・五キロメートル流れて東京湾に注いでいる。この現在の状況から荒川が本流に思えるが、もとは隅田川が本流だったとい

写真の上部から流れてきた荒川は、岩淵で隅田川（左）と荒川放水路（右）に分流する（国土地理院撮影の航空写真、2007年撮影）。

うのだから驚きだ。

二度流れを変えた川

荒川は時代とともに二度も人の力で流路を変えてきた川である。もともと上州（現・群馬県）から東京湾へ流れる古利根《ふるとね》川《がわ》の支流で、現在の元荒川《もとあらかわ》の場所に流れていた。元荒川は埼玉県内を流れ、中川へ合流している川だ。

江戸時代の一六二九（寛永六）年には、熊谷市久下《くげ》で大規模な切り替え工事が行なわれて大きく流路を変える。久下から入間《いるま》川《がわ》水系の和田吉野川《わだよしのがわ》へ川筋を通し、元荒川へ流入する水を入間川へ流したのである。舟運の整備や農業用水の取水など、工事の目的には諸説あるが、中山道や日光街道が通る久下付近の洪水対策とみる説が有力だ。この入間川の下流が、現在の隅田川にあたるが、当時は荒川と呼ばれていた。

この川をさらに変える計画が生まれたのは、一九一〇（明治四三）年のことである。当時は大型台風によって荒川（隅田川）の堤防が決壊し、周辺の下町で十数日間も浸水が続いていた。当時は下町には工場があり、洪水が起きれば農地水没どころではない損害を被った。この水害をきっかけに、荒川（隅田川）の水を隅田川と放水路に分けることで分散させる、人工の川「荒川放水路」計画が生まれたのである。

荒川放水路は、岩淵で本流から分岐し、北千住の北方を迂回して、中川沿岸の市街地を避け、やや東に膨らませるルートに決定。分岐する場所には岩淵水門がつくられた。放水路の川幅は、上流の岩淵町から隅田村に至る約一二キロメートルの間が四五五メートル、それより下流は徐々に拡幅して河口部で五八二メートルとした。そして一九一一（明治四四）年にはじまり、一九三〇（昭和五）年にようやく荒川（隅田川）と分岐した荒川放水路が完成した。

あの広い河川敷が、人の手で掘られたものだとは、スケールが大きすぎて実感が湧かないかもしれない。しかし、このおかげで隅田川流域の生活は、洪水の危険から守られているのである。

荒川本流の流路変遷

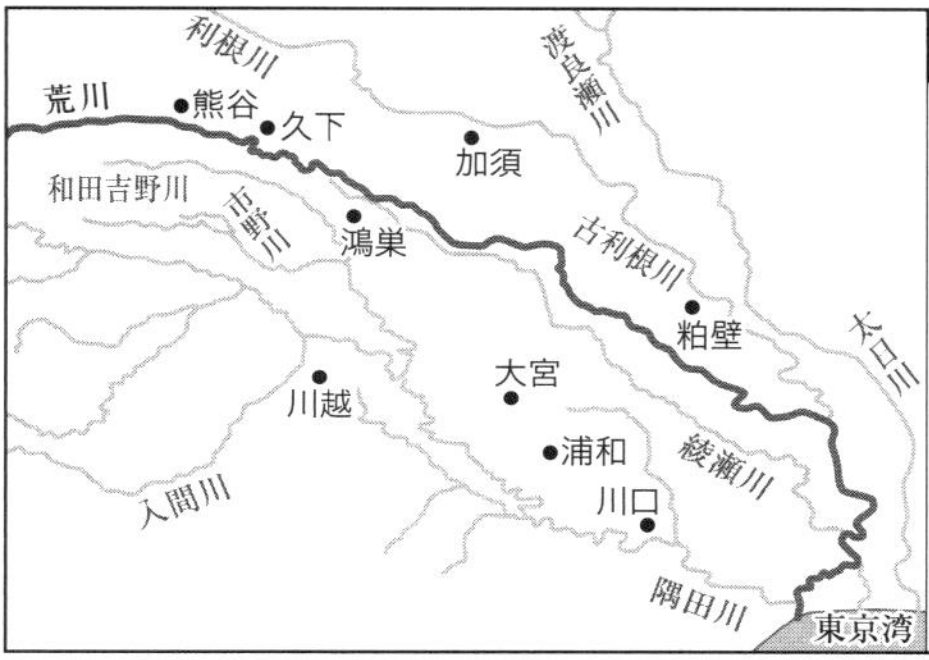

江戸時代以前

江戸時代以前の荒川の流れ。利根川の支流のひとつで、現在の元荒川を流れて東京湾へ注ぎこんでいた。

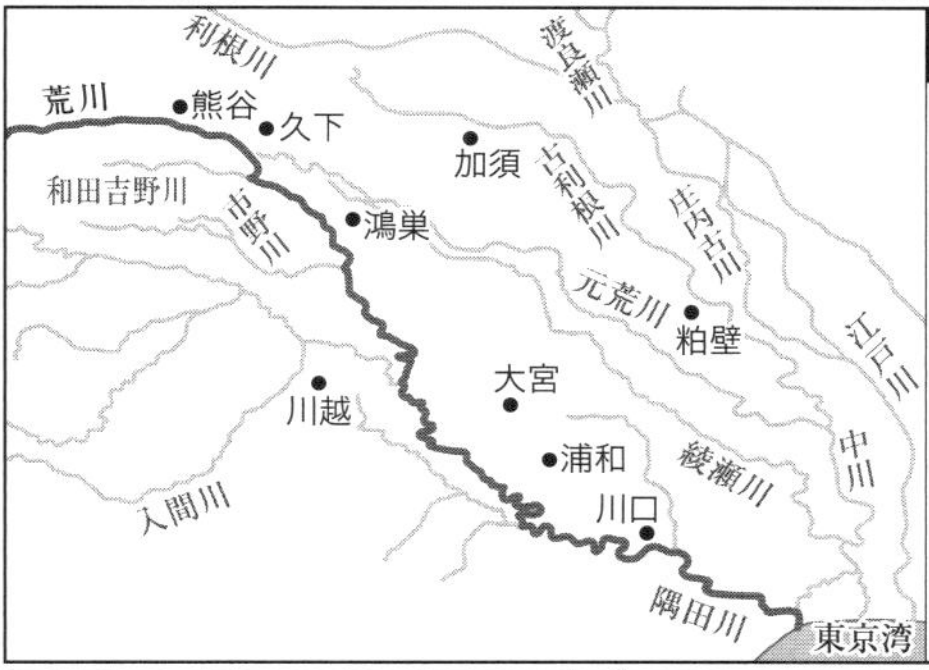

1629年以降

1629(寛永6)年の付け替え以降の荒川の流れ。久下付近で締め切られ、西にある入間川支流の和田吉野川へ付け替えられた。

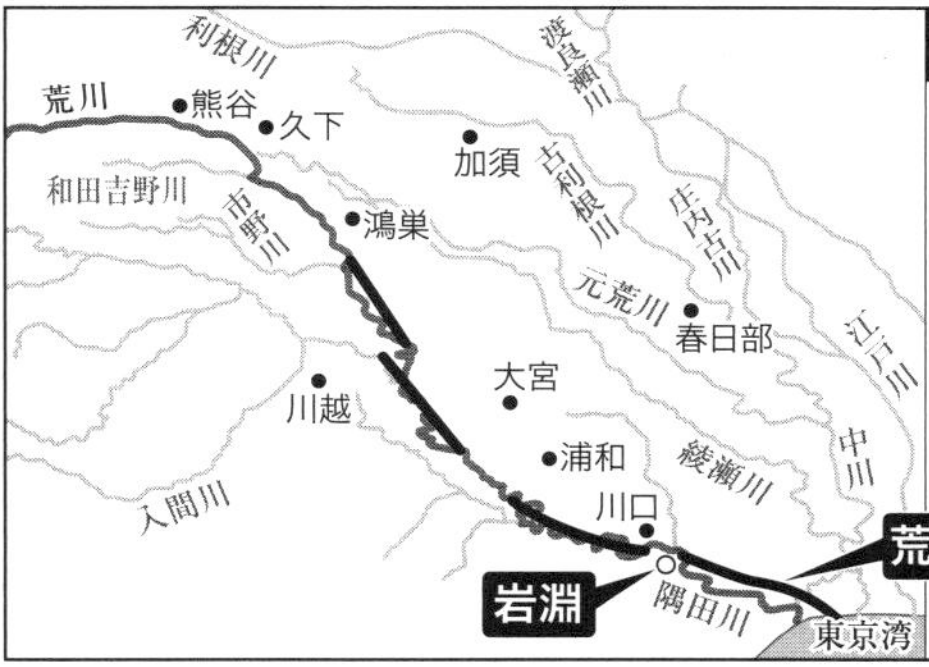

現在

現在の荒川の流れ。岩淵から東京湾へ荒川放水路を掘ったほか、中流域において流路の直線化が行なわれた。

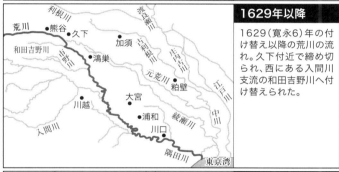

京成が押上を起点にしたのは浅草乗り入れへの布石だった

A20 KS45
おしあげ
押上
Oshiage
押上線

押上駅は、京成押上線と直通している都営浅草線が乗り入れるほかに、東武スカイツリーラインや東京メトロ半蔵門線の駅もあるジャンクション駅だ。東京スカイツリーがそびえ、浅草が近いことから国内外から観光客がやってくる人気のスポットである。

ここへ京成が駅を設けたのは、一九一二（大正元）年のこと。前身の京成電気軌道が押上〜伊予田（現・江戸川）間を開業した初期の頃である。開業から二〇一三（平成二五）年までは京成の本社所在地であり、それにちなんで北十間川《きたじっけんがわ》に架かる橋は京成橋《けいせいばし》という名前になっている。

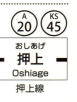

まさに京成とともに歩んできたといえる押上駅だが、じつはここを起点にしたのは理由がある。まず都心部と千葉方面を結ぶ鉄道のうち、総武線との競合を避けたことが挙げられる。とくに総武線沿線の一大繁華街であった両国駅周辺をあえて避けたのである。

そしてもうひとつ挙げられるのが、上野や浅草へ路線を伸ばすことを意図していたことだ。当時、東京市では、市内の公共交通は市営に限る、という市営主義をとっており、どの私鉄も都心へ直結することができなかった。京成も同じく、都心部と千葉方面を結ぶ場所にあり、かつ総武線と離れた繁華街として、上野や浅草をはじめから念頭に置いていた。そのため浅草と隅田川を挟んで対岸にある押上を起点としたのである。

六回も申請した乗り入れ

押上から都心乗り入れを狙う京成には大きなライバルがいた。根津嘉一郎《ねづかいちろう》率いる東武鉄道である。彼らもまた、京成と同じく浅草進出を狙っていた。

京成は東武に先を越されまいという思いから、一九二三（大正一二）年から一九二七（昭和二）年の間に六度も東京市へ乗り入れ申請を行なうが、市営主義を盾にどの案も否決されてしまう。隅田川を渡るだけのわずか一キロメートルほどの距離が、遠いことこの上なかった。

そうこうしているうちに一九三一（昭和六）年、東京市会などへの根回しに長けた東武鉄道が、ひと足先に浅草駅への乗り入れを果たしてしまう。結果、浅草乗り入れ競争では東武に軍配が上がった。

京成浅草駅をつくることはできなかったが、都営浅草線との乗り入れによって、いまでは京成電車が浅草の地下を走っている。

駅の予定地がリブレに!? 惜しくも断念した新京成柴又線とは？

新京成柴又線

（未成線）

京成や新京成の沿線には、京成グループのひとつ京成ストアが運営するスーパーマーケット「リブレ京成」が点在している。そのほとんどが京成の駅の近くに位置し、沿線住民の多くに利用されている。

だが松戸市にある三矢《みや》小台《こだい》店は、あきらかに沿線から外れた場所にある。最寄り駅はJR常磐線と北総線に挟まれた住宅街のなかにあり、京成本線とは約三キロメートルも離れている。そんな場所にリブレ京成があるのはどうしてか。

じつは、新京成線の新線の駅ができるはずの場所だった。京成グループが用地取得していた土地だったため、沿線圏でないにもかかわらず、京成グループのスーパーが建てられているのだ。さらに航空写真を見てみると、リブレの北東から南西にかけて、細長いカーブの家並みが続いており、線路用地であったことを匂わせる。では土地まで用意したのに、なぜ新線はできなかったのか。その経過をみてみよう。

新京成電鉄は一九五六（昭和三一）年、松戸駅から柴又駅へ至る四・七キロメートルの新線を計画した。当時、国鉄常磐《じょうばん》線の輸送力は限界に達しており、混雑緩和のため松戸駅から別ルートで都心へ向かう新線が必要とされていた。柴又線と通称されるこの路線には、途中に園芸学部駅、松戸高校駅、そしてリブレ京成の場所に中矢切駅が予定された。松戸高校はこの当時、現在地ではなく上矢切にあった。

京成、大学に負ける

新京成柴又線の敷設用地

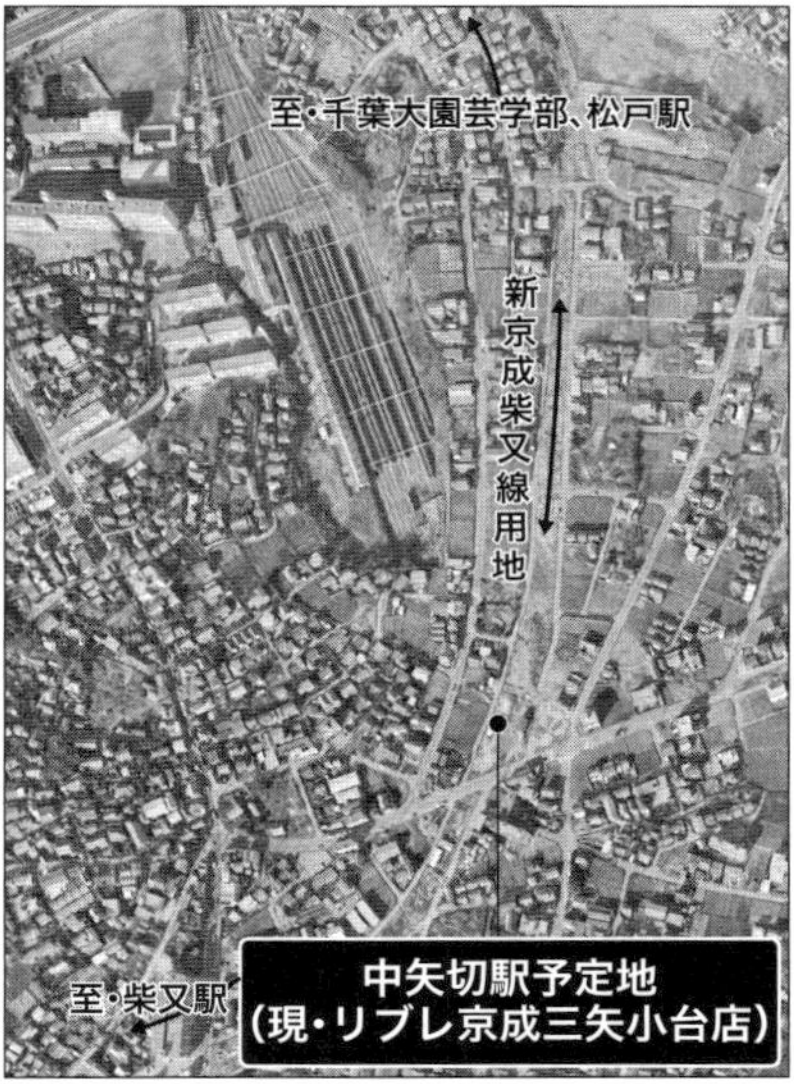

宅地造成がはじまった頃の1975(昭和50)年の矢切周辺のようす。京成グループが買収した柴又線の用地だけが開発されずに残っている(国土地理院航空写真を加工して作成)

しかし千葉大学園芸学部の南側から中矢切までの用地を取得した矢先、計画はここで大きな壁にぶち当たる。柴又線は千葉大学の園芸学部の地下を一三〇メートルのトンネルで貫く予定だったが、ここで千葉大学側が難色を示してきたのである。話合いの詳細は不明だが、折からの学生運動によって、学内が民間資本に批判的な風潮になっていたともいわれている。そして金町浄水場の付近でも反対運動が展開されるようになり、柴又線計画は暗礁に乗り上げてしまった。

そうしたなか、国鉄常磐線が複々線化と地下鉄との直通計画を立てた。常磐線の混雑が柴又線敷設の根拠だったが、緩和されれば柴又線の必要性は薄くなる。さらに京成グループが主導していた北総線において、新柴又駅が置かれることが決まり、柴又線はいよいよ必要なくなってしまう。結局、一九七〇（昭和四五）年に敷設免許は失効。取得した用地も多くは住宅地として手放して現在の状態になった。

新京成の柴又線計画はなくなったものの、まったく類似したルートの計画が現存している。それは東京メトロ半蔵門線を押上駅から延長させ、四つ木、柴又を経て松戸に至る路線だ。「地下鉄一一号線延伸計画」といわれるこの路線計画は、九段下や渋谷などを通る半蔵門線に直通できるとあって、沿線の葛飾区や松戸市から渇望されている。二〇一六（平成二八）年四月の交通政策審議会において、国から「東京圏の都市鉄道が目指すべき姿を実現する上で意義のある鉄道ネットワークのプロジェクト」と位置づけられている。果たして柴又線計画の後釜ともいうべき一一号線の延伸はあるのか、今後の交通政策に注視したい。

住宅街に突如現われる土手は江戸時代の牧場の柵

新京成線

新京成線は、下総台地を北西から南東に向けて斜めに貫く路線である。松戸市から鎌ヶ谷市を経て、船橋市、習志野市へ至る。

この沿線の住宅街のところどころには、帯状の土手を見ることができる。初富駅の西側や元山駅の北側の地域などでは、はっきりとわかる。周りは宅地であるにもかかわらず、その部分だけ木々が茂っているため目につきやすい。

これらは、江戸時代に築かれた放牧場の遺構である。一帯は、〝牧〟と呼ばれる広大な馬の放牧場だった。高い山がなく、原野が広がっているだけだった下総台地は、放牧に最適だったのである。古くは九〇五（延喜五）年の『延喜式』に「下総国には五牧あり」と記され、九三五（承平五）年の平将門《たいらのまさかど》の乱では、下総の馬が大いに活躍したという。その後も牧として続き、北条氏や千葉氏など戦国大名の軍馬の供給源であり、江戸時代になると幕府が引き継ぐ。

そして幕府の管理下に置かれると、一帯は〝小金牧《こがねまき》〟と呼ばれるようになる。幕府から

の凹部に追い込み、捕まえて選別した。

任命された牧士《もくし》が、馬の管理を行なった。小金牧は「野馬除土手《のまよけどて》」という土手によって全体を囲われ、なかの馬が逃げたり外側の農地を荒らしたりできないようにしていた。これが冒頭で紹介した遺構の正体である。野馬除土手は、二重の土塁のあいだに空堀を設けており、馬が越えられないような構造になっていた。

馬を捕まえた場所

北初富駅を出て南側の国道をわたると、小さな森がある。ここは「下総小金中野牧跡」と名付けられた国指定史跡である。しかし前述の野馬除土手と違うのは、馬から畑を守るためではなく、馬を追い込んで捕まえるためにつくられた「捕込《とっこめ》」

北初富駅の南側にある「捕込」の遺跡。半野生の野馬を、三方を土手で囲んだU字型

という施設の跡だということだ。そのため土手の形は帯状ではなく、三方を囲んだU字形になっている。

牧では幕府が使う馬を確保するために年に一度、野馬捕りが行なわれた。牧の端のほうから、勢子《せこ》と呼ばれる人たちが藪などに隠れている馬を追い出し、捕込の方向へ追い込んでいく。そして捕込で幕府が使う馬（上げ馬）、農民に払い下げる馬（払い馬）、そして野に戻す馬をここで選別したのである。大人数を投入するこの捕込は、近隣の者にとっては格好の見物になっており、野馬除土手のうえに上り、弁当を持ってきて見物する者が多かったという。

現在に残る牧の遺構は、新京成沿線の土手くらいのものだが、毎年鎌ヶ谷市民まつ

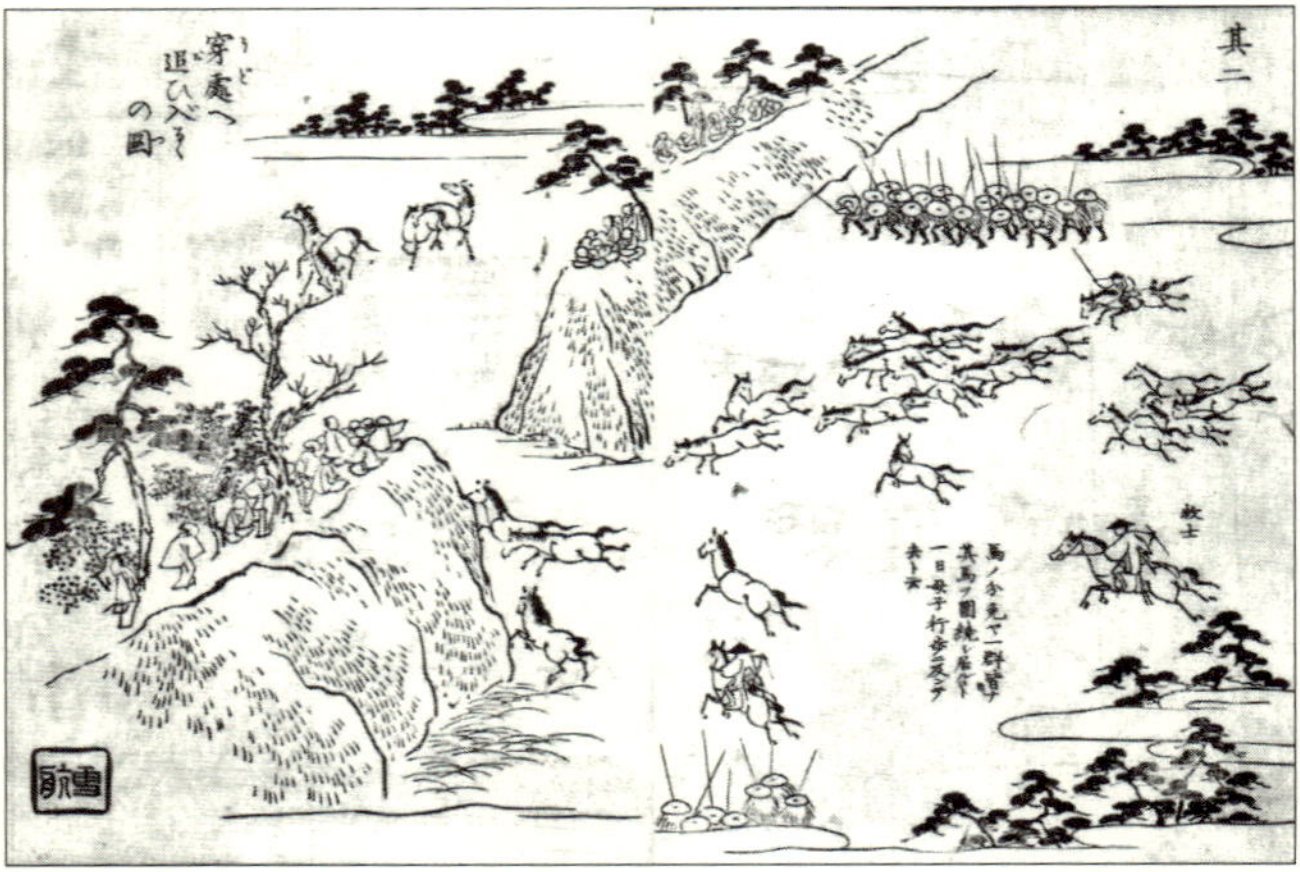

1858（安政５）年刊行の『成田名所図会』（中路定俊著、中路定得補、長谷川雪堤画）に描かれた野馬捕りのようす。牧士が土手の隙間へ馬を追い立てている。

りにおいて、騎馬武者行列の行進が行なわれている。ほかにも寄席や乗馬体験ができる春の牧ウマまつりというイベントも催されている。

歌川広重「富士三十六景 下総小金原」（1858年）に描かれた小金牧のようす。放し飼いになっている光景は珍しく、江戸近郊の名所として多くの紀行文に記された。

特集

ターミナルのその先へ
乗り入れ線ふしぎ散歩

乗り入れ線路線図

※2017年10月現在

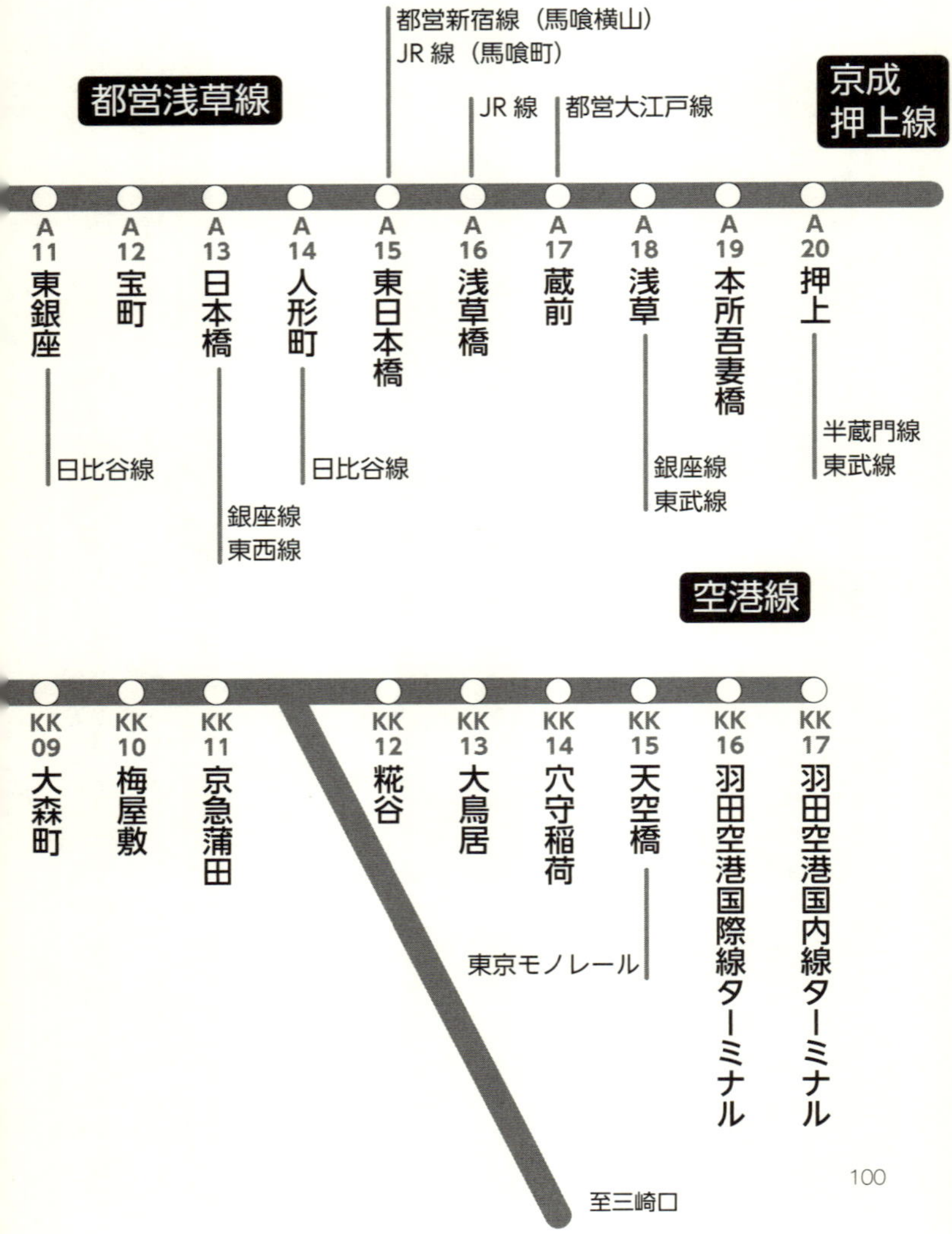

都営浅草線
京成押上線
都営新宿線（馬喰横山）
JR線（馬喰町）
JR線
都営大江戸線
A 11 東銀座
A 12 宝町
A 13 日本橋
A 14 人形町
A 15 東日本橋
A 16 浅草橋
A 17 蔵前
A 18 浅草
A 19 本所吾妻橋
A 20 押上
日比谷線
日比谷線
銀座線
東西線
銀座線
東武線
半蔵門線
東武線
空港線
KK 09 大森町
KK 10 梅屋敷
KK 11 京急蒲田
KK 12 糀谷
KK 13 大鳥居
KK 14 穴守稲荷
KK 15 天空橋
KK 16 羽田空港国際線ターミナル
KK 17 羽田空港国内線ターミナル
東京モノレール
至三崎口

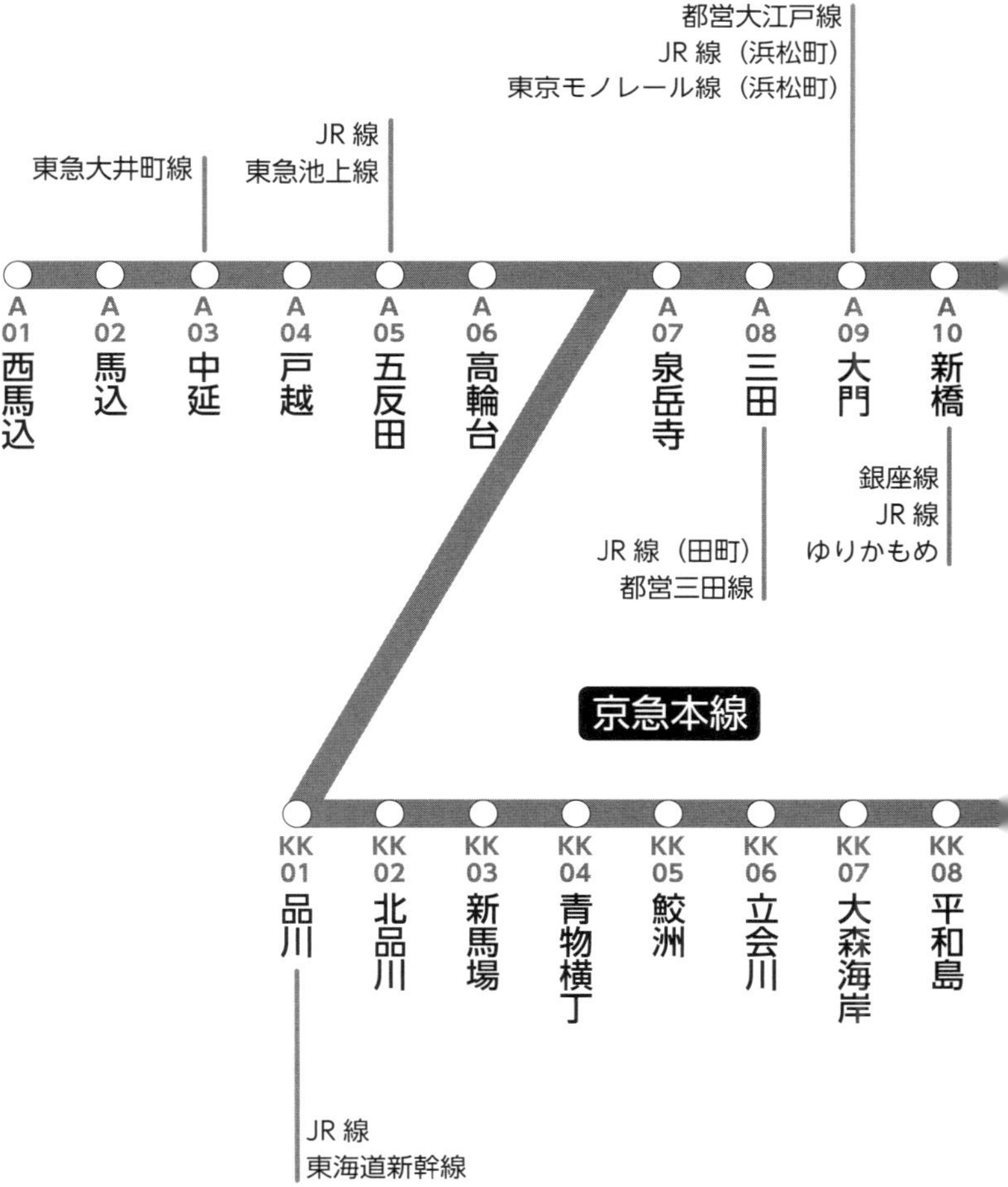
都営大江戸線
JR 線（浜松町）
東京モノレール線（浜松町）
JR 線
東急大井町線
東急池上線
A01 西馬込
A02 馬込
A03 中延
A04 戸越
A05 五反田
A06 高輪台
A07 泉岳寺
A08 三田
A09 大門
A10 新橋
銀座線
JR 線
ゆりかもめ
JR 線（田町）
都営三田線
京急本線
KK01 品川
KK02 北品川
KK03 新馬場
KK04 青物横丁
KK05 鮫洲
KK06 立会川
KK07 大森海岸
KK08 平和島
JR 線
東海道新幹線

“日本一短い”芝山鉄道で制服警官を見かける事情

京成成田駅と東成田駅を結ぶ京成東成田線は、総延長七・一キロメートルの短い路線だ。その終点の東成田駅の先には、もっと短い路線がある。

それは東成田駅と芝山千代田駅を結ぶ芝山鉄道《しばやまてつどう》である。わずか一区間だけで、その距離は二・二キロメートル。モノレールなどを除く一般の鉄道では、日本一短い。

芝山鉄道は、成田空港が建設される際、空港によって地域が分断されて交通の便が悪くなることがないようにと、空港建設の交換条件としてつくられた路線である。地域住民のみならず、空港関係者なども利用している。運転業務はすべて京成に委託しており、運転士も車掌も京成の乗務員。車両に至っても、芝山鉄道は自社の車両は持たず、芝山鉄道の車両といえるのは、京成からリースした三五〇〇形のわずか一編成（四両）のみだ。

芝山鉄道は短い路線だが、ちょっとした見所がある。東成田駅を出て、一・四キロメートルほど地下トンネルを走ったあと、芝山千代田駅の手前八〇〇メートルの地点で地上に出ると、車窓の右側に、成田空港の飛行機が目の前に広がる。特に晴れた日の夕方は、夕日で淡く染まった空を背景に飛行機が離着陸する様子が間近に見られ、飛行機ファンならずとも思わず目を奪われてしまう。

成田闘争の余波が今も残る日本一短い路線

さらにもうひとつ、車両内で珍しい光景に出会える。それは制服警官が乗っていることだ。混雑にまぎれて痴漢が発生したりする路線ならまだしも、芝山鉄道は常に空席が目立つ長閑な路線。しかしここでは制服警官の姿を見るのはごく当たり前のことらしい。一区間だけを走る車両にわざわざ制服警官が乗車するとは不思議である。

その理由は、一九六五（昭和四〇）年から現在まで続く成田闘争（三里塚《さんりづか》闘争）にある。成田空港の建設に際し、地元農家の一部が土地を手放すことを拒絶し、反対運動を繰り広げた。そこに中核派などの左翼運動家も加わって国と衝突した。この反対運動はエスカレートし、死者が出るほどの激しいものだった。

この成田闘争に、京成電鉄も巻き込まれた。橋桁に爆発物を仕掛けられたり、トンネル内に爆弾トロッコを突っ込まれたりといった被害を受けたのだ。ほかにも空港開業に際して新造したスカイライナー号が焼き討ちに遭った。

成田闘争は、政府の強制執行によって土地が接収されて一九七八（昭和五三）年に成田空港が開業して鎮静化する。しかし、開業して四〇年近く経ったいまも闘争が完全に終わったわけではない。かつての過激なゲリラ闘争は見られなくなったものの、滑走路増設のための用地買収に際し、空港周辺ではデモ行進などの反対運動が繰り広げられている。

芝山鉄道は、そんな激しい闘争の末に生まれた成田空港の真下を走っている。一部がS字カーブを描いているのは、反対派の用地を迂回しているからであり、芝山鉄道も成田闘争と無縁ではないことを示している。いくら過激派がなりを潜めた現代とはいえ、やはり空港の真下を通る芝山鉄道は格好の標的だ。そうした理由から、制服警官が乗車して警備にあたっているというわけだ。

なにやら物騒な路線のような気もするが、逆に考えれば、制服警官が乗っているということは、犯罪は抑止されているということでもある。日本一短い鉄道は、日本一安全な鉄道といえるかもしれない。

芝山鉄道の車両内の風景。たった一区間だけの鉄道だが、警備のために制服警官が乗車する。

都営
浅草線

文豪たちに愛された浅草の「瓢箪池」はどこ？

A18
あさくさ
浅草
Asakusa

浅草寺を中心とする浅草は、日本全国からはもちろん、海外からの観光客も多く訪れる一大観光地である。江戸時代から文化の中心であり、浅草寺の門前町である仲見世は、日本でもっとも古い商店街のひとつといわれている。

浅草の賑わっているようすは、多くの近代文学作品で描かれてきた。川端康成《かわばたやすなり》の『浅草《あさくさ》紅団《くれないだん》』や室生犀星《むろうさいせい》の『幻影の都市』などが有名だが、これらの作品を読んでみると、違和感を覚えるにちがいない。浅草寺の西側に「瓢箪池《ひょうたんいけ》」という大きな池が登場するのだ。川端康成は「瓢箪池がまっ青だ。淀んだ水の中に、夏は黴のように青い藻が繁殖するのだ」と書き、室生犀星は「水とはいえない一種のあぶらのような水面」と形容している。しかし現在、その場所に瓢箪池の面影はない。これはどうしたことなのか。

かつて浅草寺の西側には、明治時代以前から小さな池があった。それがもともとの瓢箪池であったが、一八八四（明治一七）年、そのさらに西側に新たに大きな池が掘られてもとの池と結ばれ、大小の池を合わせて瓢箪池と呼ばれるようになった。この大きな池が掘られたのは、田地を埋めて新しく興行街（現在の浅草六区）をつくるにあたり、埋め立てのための土砂を用意するためだった。

瓢箪池には、鯉が泳いでおり、家族連れや子どもなどが訪れる場所だった。大きな池の中央には、約二四三坪の「中の島」があり、人々がくつろぐ茶店が二、三軒あった。島は池の東西と橋でつながれており、橋には藤棚が設けられて日影をつくっていた。一方、夜は映画館のネオンが水面に映え、涼しい風が吹き、繁華街と対照的な雰囲気を形づくっていた。

このように瓢箪池の存在は、浅草の人々に四季を感じさせる憩いの場所であった。繁華街として発展を続けている浅草に、自然の景観を添える貴重な池だったのだ。

犯罪地帯になった池

しかし、瓢箪池は突然その姿を消す。終戦直後、瓢箪池にはかつての情緒はなくなっていた。池の周囲は、浮浪者や街娼、故買屋などがたむろする治安の悪い場所となっており、とても浅草寺の手には負えない状態になっていたのだ。しかし当時の浅草寺は、焼失した本堂の再建もできないほど資金難に陥っており、池の環境を整備したくても余力がない。

そこで、この瓢箪池を開発地として売却して、本堂再建の資金を工面するという妙手を考えついたのである。
この計画に地元の人々は大反対したが、ほかに手立てがなかった浅草寺は売却を実行。一九五一(昭和二六)年には瓢箪池の埋立工事が完了し、跡地には浅草宝塚劇場と東宝傘下の浅草楽天地スポーツランド、そして新世界ビルなどが次々に建設されて浅草の新名所へと生まれかわったのである。

明治時代の浅草を写した絵葉書。瓢箪池の向こう側には、仁丹の看板と浅草のシンボルだった高層建築「凌雲閣」がそびえている。

現在はその様相も変わり、瓢箪池跡にはウインズ浅草やリッチモンドホテルが建ち、もとからあった小さな池の部分は初音小路などの飲食店街になっている。この初音小路の一角にかけられた藤棚が、瓢箪池の雰囲気を残す唯一の証である。

「蔵前」はその名の通り蔵が並ぶ江戸の一大倉庫街

A
17

くらまえ
蔵前
Kuramae

黒小袖に鮫ざやの脇差を差し、金遣いが荒く大股で町を闊歩する……。こうした粋な様は蔵前風《くらまえふう》と称され、もっとも江戸っ子的な生き方をする人々とされていた。

その蔵前風という言葉の語源となった場所が、現在の都営浅草線の蔵前一帯である。なぜ蔵前の名前が付けられたのだろうか。土地の歴史を紐解いてみよう。

江戸時代の古地図を見ると、隅田川に面した蔵前一帯の部分には「浅草御《お》蔵《くら》」と記され、まるで櫛の歯のように八筋の堀が描かれている。これは船を停める舟入堀。ここには江戸幕府の米蔵があり、全国の幕府直轄地や天領から船で輸送されてくる米が運び込まれていたのだ。

五〇万石が収納できたといわれる米蔵には、幕府の非常備蓄米や、旗本・御家人に支給する禄米が収納されていた。彼らの給料は米。もちろん米だけでは生活できないため、現金化する必要があるが、それにはかなりの手間がかかる。そこで、代理で行なう「札差《ふださし》」という商売が浅草御蔵の前で生まれた。

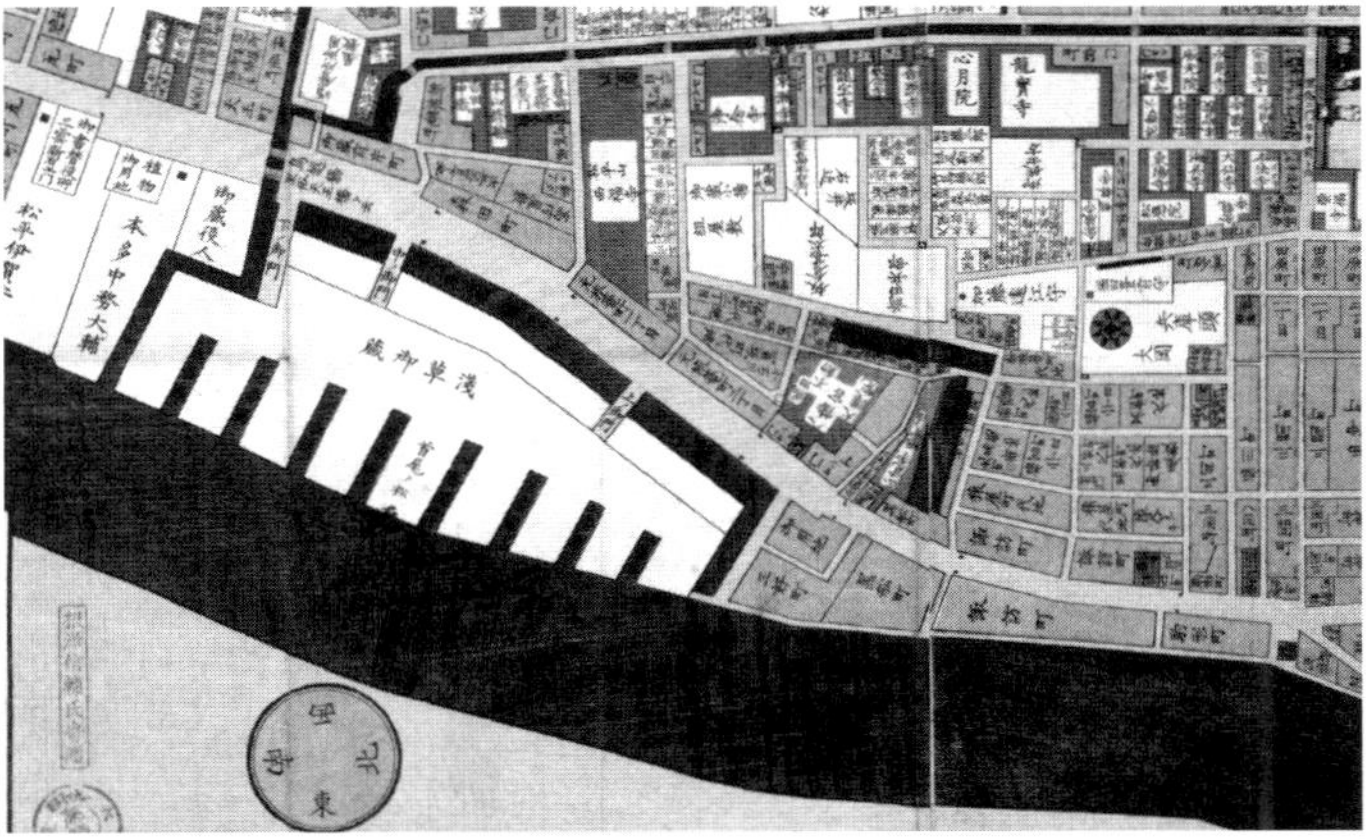

江戸時代の古地図には、八筋の舟入堀と「浅草御蔵」の文字が書かれており、ここが一大倉庫街だったことがわかる（国会図書館蔵『江戸切絵図・浅草御蔵前辺図』を加工して使用）。

札差は、禄米の受け取りと米問屋への売却を行ない、手数料を受け取っていた。また旗本・御家人向けの高利融資も行なった。全部で一〇〇人余りしかおらず、その人数で江戸の旗本や御家人の金融を一手に引き受けていたのだから、彼らは儲けに儲け、莫大な富を貯えた。そして粋で豪奢な暮らしを営むようになり、その様が蔵前風と呼ばれるようになったのである。

やがてこの「蔵前」という名前が浅草御蔵一帯に定着していき、明治時代に今の都電が走るようになると、「蔵前」という名前が停留所の名前に使われるようになり、一九三四（昭和九）年に町名となった。

蔵前の名前は、江戸っ子の粋なようすから広まった名前だったのである。

東銀座駅の上下ホームの間に謎の空間が存在する

A
11
ひがしぎんざ
東銀座
Higashi-ginza

歌舞伎座の最寄り駅として知られる東銀座駅は、昭和通りと晴海通りが交差する三原橋《みはらばし》交差点にある。昭和通り沿いに南北に走る都営浅草線と、晴海通り沿いに東西に走る東京メトロ日比谷線が交差し、乗り換えられるようになっている。

日比谷線から浅草線に乗り換えようとすると、浅草線との乗り換え階段が上り線側と下り線側で離れていることに気が付くだろう。押上方面への階段が日比谷線ホームの端の中目黒側にあるのに対し、西馬込方面への階段はホーム中央よりも逆側に寄っており、およそ一二〇メートルもの距離がある。都営浅草線と大江戸線が交差する大門駅と比べても、乗り換え階段は五〇メートルほどしか離れていない。

東銀座駅の乗り換え階段が離れているのは、じつは上で交差している浅草線の上下ホームが、互いに離れているからだ。

この理由は地上に出るとわかる。浅草線と平行する昭和通りの真ん中には、半地下の自動車専用道路が走っている。つまりこれが浅草線の上下ホームが離れている原因だ。この

三原橋交差点から見た昭和通り。半地下の自動車専用道路が真ん中を貫いていることがわかる。この道路の壁の両側に浅草線東銀座駅の上下ホームがある。

道路の両側に上下ホームが置かれている。宝町駅や日本橋駅など、昭和通り沿いの駅は一般的な地下鉄駅にあるような〝相対式ホーム〟である。上下の線路を挟んでホームが向かい合わせになり、向こう側が見える形だ。ではなぜ東銀座駅だけが道路を間に抱え込む構造になったのか。

道路と日比谷線による板挟み

じつは一九五九（昭和三四）年の浅草線の計画当初、道路を挟む構造は想定されていなかった。都営浅草線の相対式ホームの下に、営団日比谷線のホームを交差させることだけを計画していた。

しかし時期を同じくして、都市計画を担っていた首都整備局において、昭和通りの立体交差と地下駐車場建設の計画が立案される。もともと幅員の広い昭和通りには、三原橋交差点の南側に路上駐車場があった。それが交通量の増加とともに満車の状態が続き、路外にも駐車場を設ける必要性が生じてきた。さらに東京オリンピックを迎えるにあたり、各交差点で信号待ちを必要としない立体交差が発案され、道路と駐車場をまとめて地下へつくることにしたのである。そして昭和通りの真ん中に半地下で自動車専用道路を通す計画が立てられた。

これを受けた東京都交通局は浅草線の計画を変更。駅を自動車専用道路の真下にぴったりとつけ、従来よりも一層深い位置に設計し直した。

しかし、ここで営団が難色を示す。自動車専用道路の下に浅草線を置くと、その下に通す日比谷線が従来の計画よりも深い位置に置かれることになる。すると、すぐ近くに隣接する日比谷線の銀座駅も深い位置で設計し直さなければならなくなる。そうした影響を避けるために営団は、日比谷線を下げなくてすむように浅草線を自動車専用道路と同じ高さで建設してほしい、と東京都交通局へ要求したのである。

こうして東京都交通局は、やむなく東銀座駅の上下ホームを自動車専用道路の横に張り付く形へ変更し、現状の東銀座駅を建設したというわけだ。

都営
浅草線

駅名にもある増上寺の〝大門〟長らく所有者不明だった

A 09
だいもん
大門
Daimon

都営浅草線の大門駅から地上に出て、西に一五〇メートルほど進むと、時代劇に出てくるような大きな門がある。門の下を車が盛んに往来し、バックには東京タワーや高層ビルがそびえ、江戸と東京を一枚の絵に収めたような光景を見ることができる。これが駅名、また周囲の地名「芝大門《しばだいもん》」の由来になっている増上寺《ぞうじょうじ》の大門である。

この門が四〇年以上もの長い間、所有者不明だったと聞くと、不思議に思うだろう。これが〝増上寺の大門〟と一般に呼ばれていることは、大方の人が知っている。にもかかわらず、なぜ所有者不明となっていたのだろうか。

廃仏毀釈で東京府に寄贈

増上寺は徳川家の菩提寺として知られ、六人もの将軍の墓所がある。大門からさらに西には、堂々たる本堂を中心に増上寺の境内が広がるが、江戸時代の増上寺の寺域はさらに広く、現在の港区役所や東京プリンスホテル、芝公園一帯にまで広がり、内部には日光東照宮にも劣らない壮麗な伽藍が建ち並んでいた。大門はその総門として建てられたものだった。

しかし、明治維新とともに廃仏毀釈《はいぶつきしゃく》が行なわれると状況は一変する。新政府が神道を宗教政策の中心としたため、全国の仏教寺院は寺領を没収されるなど困窮を極めた。幕府の庇護を失った増上寺も例外ではなく、そのほとんどが没収され、広大な伽藍の経営が立ち行かなくなった。そして一八七八（明治一一）年には、大門が増上寺から東京府（現・東京都）に寄贈され、芝公園の一部として東京府の管理下に置かれた。

その後、大門は関東大震災で損傷して老朽化が進んでいく。そこで道路の拡張工事と合わせ、一九三七（昭和一二）年に両国の回向院《えこういん》に移築。ひと回り大きな現在の鉄筋コンクリート製の門を現在地に新築した。空襲の折には周囲は焼け野原となったが、大門は鉄筋コンクリートだったためその姿をとどめることができた。

しかし一九七四（昭和四九）年になって、所有者不明であることが明らかになる。このとき増上寺は、本堂の新築に合わせて大門をも修復しようと、都に譲渡を依頼した。ところがそのとき、都の財産目録には大門が記載されていなかったのだ。

もとから記載されていなかったのか、それともいつしか記載が消えてしまったのかわからない。増上寺側は、その後も何度か都に譲渡を打診したが、そもそも記載のないものは

大門駅の由来にもなっている、増上寺の大門。2017年春の改修工事によって、きれいな白と朱色が目立つようになった。

譲渡もできないと、所有者不明の宙ぶらりんの状態がその後は続いたのである。

やがて二〇一二（平成二四）年に東京新聞がこの問題を報道すると、世間の注目が集まっていき、二〇一六（平成二八）年にようやく東京都が重い腰を上げた。そして内部資料を精査した結果、都の所有であると確認でき、増上寺に正式に大門を譲渡。東京府の管理下に置かれてから一三八年、所有者不明であることが判明してから四〇年以上たって、ようやく大門は増上寺のもとに戻ったのである。

そして二〇一七（平成二九）年の三月に大門は、増上寺の手によって耐震補強と外観の化粧直しが施され、現在は綺麗な姿をみることができる。

都営浅草線
京急本線

寺の名前を使うな！泉岳寺駅に起きた駅名消滅の危機

A
07

泉岳寺《せんがくじ》
Sengakuji

港区の高輪にある泉岳寺駅は、都営浅草線と京急線の共同使用駅である。品川が起点だと思われがちな京急だが、じつはここ泉岳寺駅を介して、都営浅草線と相互直通運転を行なっている。

泉岳寺駅の東側にあるＪＲ東日本の田町車両センター跡地では、新オフィス街の再開発が進んでいる。その新街区へのアクセスのため、泉岳寺駅では東側にホームを増設したり、出口を増やしたりする改良工事が行なわれている。それと同時にＪＲ山手線の新駅が新街区に設置され、泉岳寺駅と通路で連絡される。

この新駅は現在、「品川新駅（仮）」と表現されており、未だ駅名が決定していない。高輪駅、芝浦駅、新品川駅など多くの候補が出ているが、都営浅草線や京急線との乗り継ぎのわかりやすさを考えた場合、都営浅草線と同一の「泉岳寺」という名称がもっともふさわしいのかもしれない。

しかし新駅が泉岳寺駅となる可能性は限りなく低いといわれている。なぜなら都営浅草

線の泉岳寺駅が、過去に一度改称の危機に陥ったことがあるからだ。

名刹が起こした訴訟

泉岳寺という駅名は、いうまでもなく泉岳寺という寺院が由来である。泉岳寺は一六一二（慶長一七）年に徳川家康によって外神田に創建され、一六四一（寛永一八）年に火災のため現在地へ建て替えられた。赤穂浪士や浅野内匠頭《あさのたくみのかみ》の墓があることで有名で、境内には大石内蔵助《おおいしくらのすけ》の銅像や赤穂浪士の遺品が展示された宝物館があり、時期を問わず多くの忠臣蔵ファンが訪れる寺院である。

これほど有名な寺院なので、一九六八（昭和四三）年に東京都が駅名にしたわけだ。ところが、しばらく時を経た一九九三（平成五）年、泉岳寺が「駅名にしないでほしい」と声を上げたのである。

理由は、寺院にかかってくる間違い電話である。通常、鉄道の利用客が列車内に忘れ物をした際には、駅や駅事務室、または忘れ物センターへ連絡する。しかし駅と混同され、泉岳寺のほうへ問い合わせの電話がかかってくることが頻発していたのだ。そうした間違い電話は寺院の業務に支障が出るほど多かったという。

また一帯は高輪という地名だが、駅名になっているため付近に泉岳寺を冠したビルやマンションが林立し、まるで泉岳寺が経営しているかのような様相だったらしい。ここで泉岳寺は、駅名の使用差し止めに踏み切ったのである。

最高裁で敗訴

泉岳寺の主張は、駅名使用は「不正競争防止法」に違反しているというものだった。不正競争とは、「類似、もしくは同一の商品表示を使用し（略）他人の商品又は営業と混同を生じさせる行為」である。つまり有名な商品やブランドを真似して、消費者に誤解、混同させて買わせたりする行為のことだ。

しかし裁判では、宗教法人が都営地下鉄事業を行なうなど、一般的にはありえないことで、両者が混同を生じることはない、として泉岳寺側の訴えを棄却した。対し、泉岳寺側はこれを不服として東京高裁へ控訴。しかしここでも「泉岳寺の行なう営業と東京都の行なっている地下鉄事業とは明白に区別できる」「一般人が両者を関連があると誤認するとは通常考えられない」として再度棄却となった。

泉岳寺側の敗訴によって存続が許された泉岳寺の駅名だが、こうした経緯があったことを考えれば、新駅名として用いることは難しいだろう、という見方が大半である。

京急本線

都心なのに宿場町の景観を留める北品川の町並みの工夫とは

KK 02
きたしながわ
北品川
Kitashinagawa

都営浅草線で泉岳寺駅を通過し、京急電車で品川駅へ至る。そして各停に乗り換え、一駅先にあるのが北品川駅だ。もともと一九〇四（明治三七）年の開業当時はここが品川駅だったが、一九二五（大正一四）年に延伸した際、北側に高輪（のち品川）駅がつくられ、北品川駅となった。北がつくのは、江戸時代にここから青物横丁駅までの一帯に宿場町の品川宿が広がっており、駅がその北側にあたるからである。品川駅の南にあるのに「北品川」駅なのはこの理由からだ。

この由来となった品川宿、最盛期は一〇〇軒近い旅籠が立ち並び、旅人だけでなく江戸市民も遊びに来るほどの繁盛ぶりだった。いまは往時の繁栄はないが、品川宿の名残は感じることができる。

北品川駅を降りて線路を南にわたると、旧宿場町の面影を残した北品川商店街が眼前に広がる。格子や瓦を用いた和風の建物が多く、宿場町の雰囲気をそのまま漂わせている。何より品川再開発地区に近い場所ながら、高いビルが少ないのも特徴のひとつだ。こうした景観が残っていることもあり、住みたい町として近年注目されている。

都心に近いのにもかかわらず、昔の町並みがよく残っているものだと感心するが、じつは理由がある。

景観づくりのルールはこんなに

東京都心は、関東大震災や東京大空襲によって江戸時代以前の町並みがほとんど残っていない。しかし北品川周辺では幸い、どちらの被害にも遭わなかったため、町並みが様変わりすることがなかった。いまでも商店街の七メートルほどの道幅は、江戸時代以来のものである。

しかしいくら道幅や町割りなどが同じでも、建物までをそのまま保存するのは容易なことではない。現に北品川でも、江戸時代当時の建物はほとんど残っていない。

それでも古い町並みだと感じさせるのは、新しく建物を建てる際、宿場町の景観を守るために厳格なルールを設けているからだ。地元の商店街の人たちが設置した協議会と品川区によって決められた景観計画である。

たとえば、旧街道筋に面した建物は、外壁は黄色系を中心として、アクセントにも伝統色を用いなければならない、赤や黄色のネオンを設置しない、ネオンを点滅させない、な

旧品川宿の建築ルールの一例

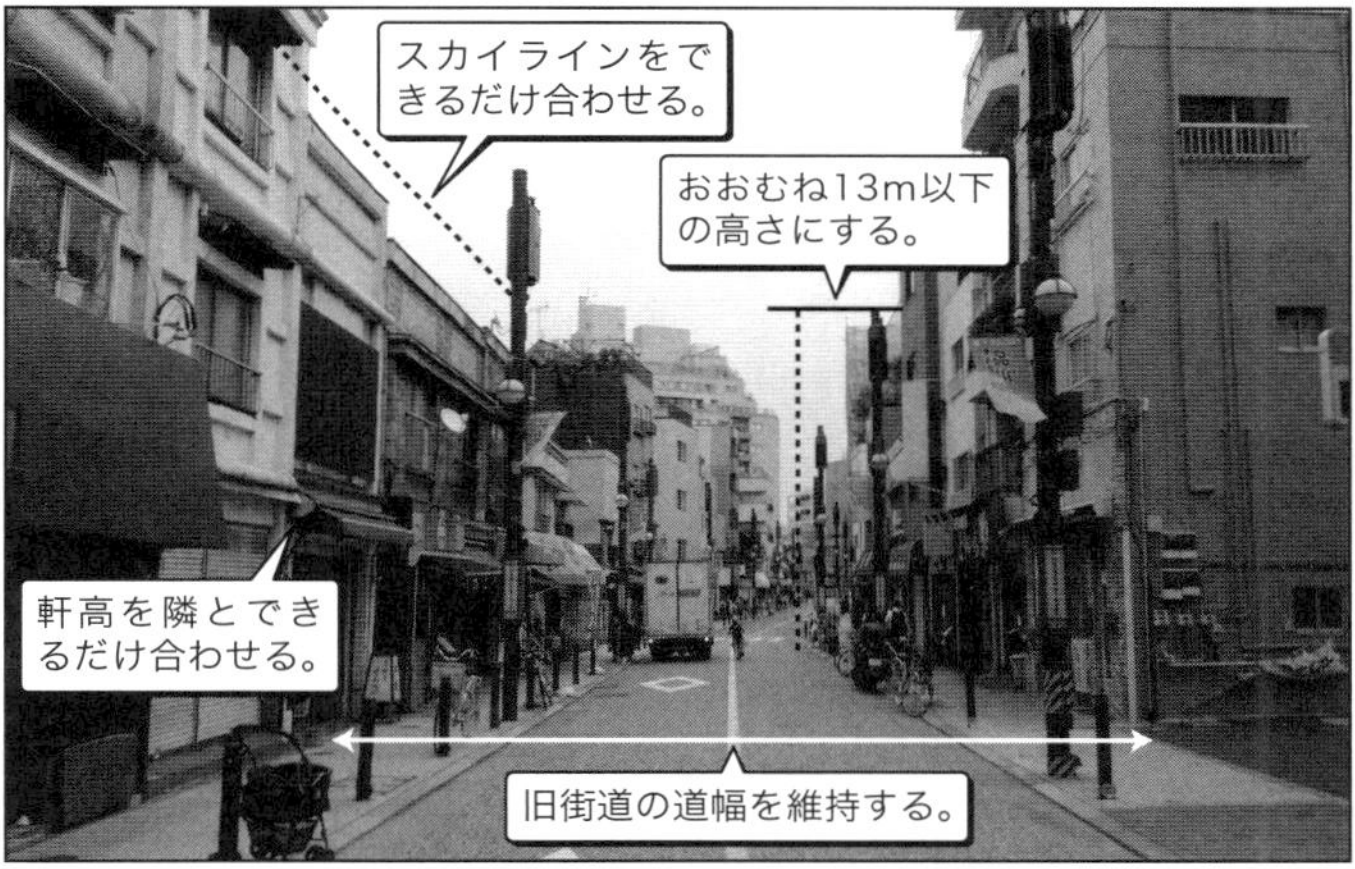
スカイラインをできるだけ合わせる。
おおむね13m以下の高さにする。
軒高を隣とできるだけ合わせる。
旧街道の道幅を維持する。

品川宿の町並みを維持するためのルールの一例。上記以外でも、建物の外装や看板の色を伝統色にしたり、和風の要素を取り入れるなど、さまざまな規制がある。

どというルールである。ほかにも駐車場や駐輪場、エアコンの室外機、給湯器など宿場町の景観にそぐわないものは、格子などで隠したり、店舗とする場合には、庇や暖簾などを用意したりして、江戸時代の宿場町のイメージを演出している。

こうしたルールはほかにもあり、あまりの細かさに辟易《へきえき》しそうだが、こうした工夫と努力が、伝統の町並みを残すためには必要なことである。興味深い町並みが広がる場所としてぜひとも見ておきたい。

正面に向いた階段も伝統的景観を壊しかねないため、覆いを被せられている。

京急本線

えっ、なぜこれが？ 墓石が鉄道記念物に指定されているワケ

KK 03
しんばんば
新馬場
Shimbamba

一〇月一四日は「鉄道の日」である。これは、一八七二（明治五）年一〇月一四日に新橋〜横浜間で最初の鉄道が開業したことを受けて制定された。

一九五八（昭和三三）年の「鉄道の日」には、日本の鉄道を支えてきた歴史的、文化的遺産である「鉄道記念物」が当時の国鉄によって制定された。この年から「一号機関車」「弁慶号機関車」「旧長浜駅」「旧手宮機関庫」「国鉄バス第一号車」など三五点が指定され、その後、国鉄が分割・民営化された後も、ＪＲ西日本の「義経号」やＪＲ北海道の「しづか号」などが追加されている。

鉄道施設や車両などが大半である鉄道記念物のなかに、なぜか墓地も入っている。京急の新馬場駅から徒歩五分、東海寺の敷地にある大山《おおやま》墓地の一角だ。なぜ墓地が鉄道記念物なのか。それは、指定された墓が〝鉄道の父〟と呼ばれる井上勝《いのうえまさる》の墓だからである。

長州藩士の家で生まれた井上勝は、伊藤博文や井上馨《かおる》らとともに密航して英国に留学した。そして鉱山技術や鉄道技術を学び一八六八（明治元）年に帰国。四年後に二九歳で明

治政府の初代鉄道頭に就任すると、新橋〜横浜間を開通させ、一八八九（明治二二）年には日本の大動脈である東海道線（新橋〜神戸間）を全通させる。まさに日本の鉄道の幕開けを担った人物といえるだろう。

一九一〇（明治四三）年八月二日、鉄道院顧問としてヨーロッパを視察しているさなかにロンドンで客死。その遺骨は、本人の意志で東海寺大山墓地に葬られた。

自らの墓地として、井上勝が大山墓地を選んだ理由は、実際にその場所に足を運んでみるとわかるだろう。

大山墓地は、京急本線の新馬場駅から山手通りを五分ほど歩き、東海道本線の下をくぐった先にある。そこは西側の東海道新幹線とＪＲ山手線と、東側のＪＲ東海道本線に挟まれた場所。井上勝は、死後も鉄道の発展を見守りたいと、ＪＲ山手線とＪＲ東海道本線がＹ字に分岐する部分であるこの場所を、自らの墓地として選んだのである。

そして現代、大山墓地にはもうひとつ別の鉄道が通る。次世代の新交通システムとして期待されているリニアモーターカーの軌道が、大山墓地の真下にあたる場所を通過することになったのだ。

新幹線、そして今度はリニアモーターカーと、井上勝は鉄道技術の進歩を見守り続けている。

平和島の名に秘められた知られざる悲しい過去

KK 08
へいわじま
平和島
Heiwajima

京急本線の平和島駅は一九〇一（明治三四）年、東海道の道路上に「沢田《さわだ》」駅として開設された。やがて三年後に品川延長線が開業した前後の時期、のちに環状七号となる道路の南寄りの位置に移動し「学校裏」と改名。さらに一九五〇（昭和二五）年に駅を現在の場所に移転する。このとき京急は競艇場を誘致し、レジャーランドとする開発事業を展開。一九六一（昭和三六）年に駅名を「平和島」に改称した。

この平和島という名称は、いまや競艇場の代名詞となっている。レースがある日ともなれば大勢の競艇ファンでごった返し、平和という名前とはほど遠い様相である。この平和島にはどのような由来があるのか。

その命名の裏には、この地が歩んだ悲しい歴史がある。いまでこそ平和島は陸続きの場所だが、もとは海を埋め立ててつくられた人工島で、陸地とは橋で結ばれていた。一九三九（昭和一四）年から東京市のもとで始められた埋め立ては、第二次世界大戦の勃発によって中断される。そして未完の埋立地は、そのまま一九四三（昭和一八）年から捕虜収容所として使われたのである。

戦争と平和の因縁の地

収容所の場所は、現在の平和島競艇場の観客スタンド付近。そこの約一万平方メートルの敷地に、軍人捕虜と民間人約三〇〇人が収容されていた。捕虜となった人々は埋め立てや荷物の積み下ろしなどの重労働に従事させられていた。当時を知る人の記録によると、捕虜に与えられる食べ物は少なく、みな痩せ衰えていたという。終戦とともに捕虜は解放されたが、その間に四三人が命を落とした。

そして終戦後には連合国の大森プリズンとして転用され、東條英機《とうじょうひでき》内閣総理大臣や、土肥原賢二《どいはらけんじ》陸軍教育総監、賀屋興宣《かやおきのり》大蔵大臣などのA級戦犯も収容されていた。

こうした戦争の悲劇を繰り返さないためにという祈りの気持ちを込めて、この人工島に名付けられたのが「平和島」という名前なのである。やがて一九六七（昭和四二）年九月、埋立地が大田区に編入された際に正式に住居表示に組み込まれることになった。

現在、競艇場の傍らには平和観音像が建てられており、その説明板には「戦争と平和の因縁の地」という「平和島」の地名の由来が記載されている。平和島を訪れることがあれば、競艇場だけでなく、平和観音像も参拝していきたい。

第三章

コアなスポット目白押し！
京成線
ぶらり途中下車ガイド

きれいな天守閣だけど……千葉城はホントの姿じゃありません！

KS 60
ちばちゅうおう
千葉中央
Chiba Chūō
千葉線・千原線

千葉中央駅は、京成の千葉線と千原線をつなぐ乗り入れ駅である。周辺には千葉県庁舎や千葉県警本部、千葉市中央区役所などがあり、千葉市の中心的市街地への最寄り駅だ。

ここから南東側に、亥鼻台《いのはなだい》と呼ばれる、こんもりと木々が茂った台地が見える。ここは千葉の礎を築いた千葉氏の本拠が置かれていた場所だ。千葉氏は、平安時代の一一世紀に乱を起こして房総半島一帯を占領した平忠常《たいらのただつね》の子孫とされ、源平動乱の折に千葉常胤《ちばつねたね》が源頼朝を奉じて鎌倉幕府の御家人となった名族だった。下総に広大な所領を治めるも、戦国時代に後北条氏とともに没落していった。

この亥鼻台の北東部には、立派な天守閣を構えた通称「千葉城」がある。一一二六（大治元）年の築城から一四五五（康正元）年に落城するまでの約三三〇年間にわたり、千葉氏の本拠地となっていた。現在、内部は千葉市立郷土博物館となっている。

四層建ての天守閣は、まさに名族千葉氏にふさわしい堂々としたつくりとなっているが、じつはこの姿、ほんとうの千葉城の姿ではない。そもそも天守閣とは、一五七六（天正

千葉市立郷土博物館、通称千葉城の外観。写真に収まりやすい大きさであることとアクセスの良さから、コスプレ撮影会がたびたび開かれる。

四）年の織田信長による安土城築城から生まれた建築物で、千葉氏が千葉城に在城していた頃には存在していなかったもの。もともとあったとされるのは、館のような城だった。

だが一九六七（昭和四二）年、特産品などの展示施設としてこの建物が計画された際、観光的意味合いから小田原城や会津若松城を参考にして天守閣がつくられたのだ。

あるはずのない天守閣がつくられた千葉城だが、この姿のおかげで一部の人から人気が出ている。交通の便がよく、写真収まりのよい大きさの天守閣であるため、コスプレ系の撮影会場として頻繁に使われている。本来の姿ではないが、千葉市の新しい名所になりつつある。

新勝寺が出開帳をはじめたのは金欠だったから!?

KS 40
けいせいなりた
京成成田
Keisei-Narita
京成本線

京成線沿線の観光スポットといえば、成田山新勝寺《しんしょうじ》を差し置いてほかにないだろう。初詣だけでも、毎年三〇〇万人以上が訪れる。京成線が敷設されたのも、東京と新勝寺を結んで参詣客を運ぶためである。

もともと九四〇（天慶三）年に開かれた寺院であるが、広く知られるようになったのは江戸時代以降である。もともとはわずかな寺社領しか持たない成田村の小さな寺院だった。

新勝寺が江戸っ子の人気をつかんだのは、二つのきっかけがあった。ひとつは本尊を寺院以外の地で公開する〝出開帳《でがいちょう》〟を積極的に行なったことである。第一回目の出開帳は、一七〇三（元禄一六）年。場所は江戸深川の永代寺《えいたいじ》、現在の門前仲町の深川不動の地である。深川は江戸町人にとっての歓楽地。ここで出開帳を行ない、見物客に縁起や霊験を聞かせることは大いに宣伝となった。

二つ目は、歌舞伎の大御所・初代市川団十郎《いちかわだんじゅうろう》の存在だ。子宝に恵まれずに悩んでいた団十郎は、生まれ故郷幡谷《はたや》（現・成田市幡谷）に近い新勝寺へ子授けの祈願をして一子を授かった。そして前述の出開帳と同時期に森田座において、新勝寺の御利益により子授けにあやかった体験を脚色した「成田山分身不動《なりたさんぶんしんふどう》」を演じ、江戸中の人気を博した。そして団十郎のように子宝に授かりたい者や団十郎が演じた成田山に関心をもった者などが永代寺の開帳場へ押しかけた。こうして出開帳と団十郎人気が相乗効果を発揮し、新勝寺人気はますます高まっていった。

その後も幕末まで一二回も出開帳を行ない、江戸中の信者数を揺るぎないものとしてきた。新勝寺はなぜこれほどまでに出開帳を行なったのか。この広報戦略の裏には、切実な懐事情があった。

新勝寺が積極的に江戸進出をしていた理由は、浄財を集めるためであることにほかならない。一七一六（享保元）年に徳川吉宗が将軍職に就き、質素倹約に基づく享保の改革をはじめると宗教界も影響を受けることになる。幕府は僧侶の待遇を切り下げたり、新寺建立を禁止したり、寺院への田畑寄進を禁じたり、など強い引き締め政策をとったため、多くの寺院が窮乏していった。とくに堂塔の修築などの費用は自ら工面しなければならず、封建的な経済基盤である寺社領のみに頼っていては、寺院運営はままならない。新勝寺でも、堂塔を建て、寺院を繁栄させていくためには、江戸へ進出して自ら稼ぐほかなかったのである。

佐倉宗吾は実在した！ここまでわかった義民の謎

KS 38
そうごさんどう
宗吾参道
Sōgo-sandō
京成本線

成田山新勝寺と並ぶほど多くの参拝客を集めるのが、宗吾参道駅から一・二キロほどのところにある宗吾霊堂である。ここは正式には鳴鐘山東勝寺《とうしょうじ》という真言宗の寺院だが、宗吾霊堂という通称のほうが知られている。

ここに祀られているのは佐倉宗吾《さくらそうご》という江戸時代の人物である。我が身を犠牲にして農民たちを救った義民として有名である。本名を木内惣五郎《きうちそうごろう》といい、一六一二（慶長一七）年に下総国公津村で生まれ、村の名主をつとめていた。

この惣五郎を有名にしたのは、一六五二（承応元）年の直訴事件である。当時、佐倉藩主となった堀田正信《ほったまさのぶ》は、高い年貢を課して農民たちを苦しめていた。惣五郎は、農民たちのために代官屋敷や江戸藩邸を訪れ、減税を訴えたが受けいれられず、ついに重罪であった将軍への直訴を決行する。その結果、佐倉の農民たちは重税から救われたが、将軍家に対して面目をつぶされた堀田正信は惣五郎のみならず、その女房と四人の子供たちまで処刑してしまったのだ。

佐倉宗吾こと木内惣五郎が本尊として祀られている東勝寺宗吾霊堂。惣五郎が処刑された場所だったという。

この惣五郎の逸話は、歌舞伎、浄瑠璃、講談などにも盛んに取り上げられたため、地元の佐倉ばかりか広く日本中に知られるようになった。宗吾霊堂には惣五郎と子供たちの墓があり、宗吾霊宝館には惣五郎にまつわる遺品や文書が展示されている。

福沢諭吉の評価

じつはこの惣五郎、本当にいたのかどうか長年わからず、幻の人物とされてきた。惣五郎の逸話は『地蔵堂通夜物語』『堀田騒動記』『佐倉義民伝』などいくつかあり、内容もほぼ同じであるが、確かな史料ではなかった。慶應義塾の創始者である福沢諭吉は、惣五郎を一応実在の人物として認識し、著書『学問のすゝめ』のなかで世界中に対して恥じることのない者と讃えつつ、惣五郎の事蹟については俗間に伝わる草子の類があるだけで、信頼に足る文献がないことを嘆いている。その後も明治から昭和にかけて、惣五郎が実在の人物かどうか多くの学者が調査を重ね、論争を繰り広げてきたが、決定的な史料がないまま長い時間が過ぎていった。

だが戦後になり、宗吾霊堂に収められていた古文書を再調査したところ、当時の土地台帳ともいうべき『名寄帳《なよせちょう》』に惣五郎の名前が確認された。名寄帳は、一人別の田畑や屋敷面積、石高を記したもので、惣五郎は約三町六反の田畑を持ち、石高は二六石九斗三升と、村として一、二の農地をもつ農民であることがわかった。また、記されていた藩の役人の名前から、この名寄帳が堀田時代のものであることがわかり、惣五郎がこの時代に確かにいたことが判明した。

惣五郎が実在したことは明らかになったものの、講談で語られていたような直訴事件が本当にあったのか。それはいまだに立証できていない。現代の研究でも、その頃の年貢は高くはなく、むしろ減税の措置が取られていたとか、直訴したのは千葉氏を再興するためなど、従来の説を否定して、直訴事件はまったくのフィクションだという意見もある。

沿線の地域を代表する有名人であるため是非とも真実だといってほしいところだが、今後の研究成果に期待したい。

松尾芭蕉が出発したのは荒川区？　それとも足立区？

KS
05

せんじゅおおはし
千住大橋
Senjuōhashi
京成本線

千住大橋駅を出て南へ進むと、駅名の由来である千住大橋がある。隅田川をまたいでおり、江戸から日光街道への起点として多くの旅人が渡った橋だ。現在は北側の足立区北千住と南側の荒川区南千住を結び、多くの車が往来している。

この橋の北詰の足立市場前交差点には、「千住宿奥の細道プチテラス」がある。白い松《まつ》尾芭蕉《おばしょう》像がひときわ目を引く小さな公園だ。芭蕉がコンセプトなのは、この千住大橋の北詰が『おくのほそ道』を著す芭蕉の旅の出発点とされているからだ。芭蕉は旅立ちにあたり、矢立初めの句と呼ばれる「行春《ゆくはる》や　鳥啼魚《とりなきうお》の　目は泪《なみだ》」という句を詠んでいる。橋の袂にある大橋公園には、矢立初めの地の碑がある。

しかし芭蕉の矢立初めの地がここではない、と足立区に異議を唱えている自治体がある。それが千住大橋を挟んだ南側の荒川区。矢立初めの地は、足立区の芭蕉像が建っているところではなく、その対岸の荒川区の方だったというのだ。

芭蕉は、深川から現在の千住大橋付近まで船で隅田川を北上し、「千住といふ所（『おくのほそ道』）」から旅に出ている。しかし残念ながら、橋の北岸で船を降りたのか、南岸で降りたのかははっきりしない。後世に描かれた絵図を見ても、船の着岸位置は、北にあったり南にあったりとまちまちで参考にならない。

本当はわからない出立地

この論争のきっかけとなったのは、松尾芭蕉の旅の出立三〇〇周年を記念して、一九八九（平成元）年に行なわれたイベントだった。芭蕉役の江東区長が船で千住大橋北詰に着岸し、それを足立区長（こちらも芭蕉役に扮した）が迎えた。このイベントに呼ばれなかった当時の荒川区長が憤り、「なぜうちを入れないのか」と異議を唱えたのである。

荒川区の論拠としては、千住大橋の南詰にある素盞雄神社《すさのおじんじゃ》には、江戸時代に建てられた芭蕉の句碑があることから、芭蕉は旅立ちの前にまず素盞雄神社に参ってから出立したに違いないというものだ。また橋は別れの象徴であったため、江戸を去るという心境であったならば、江戸との境である千住大橋を歩いて渡ったはずだという主張もある。

一方の足立区の見解は、北へ旅立つのなら、船も川の北岸に寄せるのが自然であるというものだ。また当時、飛脚問屋などは北岸にあったことから、南岸で降りる必要がなかったという。

どちらもそれなりの説得力で主張しているが、実際には史料がないことから、現時点では決着のつけようがない。

歴史の専門家からすれば、この問題は些細なことだという。隅田川の船着き場は両岸にあり、どちらに寄せるか決まっていなかった。当時の船はタクシーのようなもので、その時に空いているほうの岸へ寄せるのが一般的だった。つまり船着き場の混み具合で降りる場所が決まるわけだ。どちらに寄せるかは、芭蕉本人すら意識しないほどのことだったらしい。

では、なぜそうした結論の出ない問題で長年いがみ合っているのか。じつは両区はいがみ合っているわけではなく、本当はどちらが出立地かわからないことを知りつつ、論争を楽しんでいるのだ。何より、この問題が広く取り上げられることで、芭蕉出立の地として「千住」の町の知名度を上げることが狙いなのだという。実際、芭蕉にゆかりのある自治体関係者が集まる「奥の細道サミット」には両区も参加している。

二〇一六（平成二八）年には、荒川区の南千住駅西口に芭蕉のブロンズ像が建てられた。どちらの区も芭蕉ゆかりの地・千住の一員。今後もこの論争が千住のＰＲに一役買うことは間違いないだろう。

一帯にサツマイモを広めたのは酔っ払いの浮浪者だった!?

KS 53

けいせいまくはり
京成幕張
Keisei-Makuhari
千葉線

京成幕張駅の目の前には芋神様・青木昆陽《あおきこんよう》を祀る昆陽神社がある。
青木昆陽は、江戸時代に関東地方に甘藷《かんしょ》（サツマイモ）を普及させた人物として知られる。江戸日本橋の魚問屋の家に生まれ、成長してからは京都堀川の伊藤東涯《とうがい》の家塾・古義堂に入門して学問に励んだ。このときに本草学者の松岡如庵《まつおかじょあん》が著した『蕃薯録《ばんしょろく》』を読み、米ができない荒作地には甘藷の栽培が適していることを知った。

その後、江戸に戻って私塾を開いていた昆陽は、近隣の者を通じて南町奉行の大岡越前守忠相《ただすけ》の面識を得て、自らが著した『蕃薯考《ばんしょこう》』を提出する。甘藷の栽培方法と有用性を説く内容で、これが八代将軍吉宗の耳に届いた。昆陽は吉宗から、甘藷を普及させるために小石川の薬草園と養生所のほか、江戸町奉行の管轄地だった馬加村《まくわり》（現・千葉市花見川区、京成幕張駅前）と不動堂村（現・九十九里町）で早速試作を行なうことを命じられた。

そして昆陽は、千葉で甘藷の試作を成功させる。当初の目標通り、甘藷栽培は房総のみならず関東地方一帯へ普及していき、人々は凶作のときでも食べ物の心配がなくなったのである。

これが、千葉県での甘藷栽培の端緒として一般的に知られている逸話である。しかし本当は甘藷栽培を伝えたのは昆陽ではないとする説がある。実際、昆陽が千葉の試作地である馬加村と不動堂村に滞在したのはわずか七日間だけだった。たった七日で試作が完成するはずはない。では誰が甘藷栽培を教えたのか。

京成幕張駅の北側に広がる武石町《たけいしちょう》では、「織田玄琳《おだげんりん》」という人物が甘藷栽培を村人に教えたという伝承が残っている。玄琳は薩摩国出身の浮浪者で、飲んだくれてばかりの放蕩者だったという。玄琳は村人が甘藷を育てているさまを見て、温かな苗床をつくって苗を育て、畑に植え替える方法を教えたという。

また同様の逸話が、江戸時代後期の農学者である佐藤信淵《のぶひろ》が著した『甘藷説』で語られている。芋を刻んで畑に植えていた村人を見た薩摩の浪人が「刻んだ芋を植えるなんていい加減なやり方で育つものか。甘藷は本来、温かい気候で育つもの。寒い関東地方では暖かい苗床で苗をつくり、畑に植えるように」と指導したことが記されている。

武石町の伝承では、玄琳の死後、感謝した村人が神として祀ったという。『千葉歴史夜話』を著した畑中雅子氏によると、そこで神として祀られていた玄琳が、いつのまにか青木昆陽に置き換わったのではないかと指摘している。

日本中に名を轟かせた菖蒲園
きっかけは花好きの百姓だった！

KS
07

ほりきりしょうぶえん
堀切菖蒲園
Horikirishōbuen

京成本線

京成本線の堀切菖蒲園駅は、その名の通り、荒川区立堀切菖蒲園の最寄り駅である。梅や藤、牡丹など四季折々の花々が園内を彩る名園である。六月には約二〇〇種、六〇〇〇株ものハナショウブが咲き乱れ、訪れる多くの人を楽しませている。

この堀切菖蒲園の歴史は古く、江戸時代中期の一七九一（寛政三）年にまで遡る。堀切村に住んでいた百姓の小高伊左衛門《こだかいざえもん》父子が、二代にわたってハナショウブに興味を持ち、各方面から変わり種の品種を集めてきては、自分の田んぼに植えて栽培したのが始まりだ。

つまり堀切菖蒲園は、花好きの百姓が始めた趣味のようなものだったわけだが、その活動はやがて趣味の域を超えていく。二代目伊左衛門は、旗本などから「十二単衣《じゅうにひとえ》」や「立《たつ》田川《たがわ》」「羽衣《はごろも》」といった珍しい品種を譲り受けたり、相州厚木在の農家から「七福神」「酔美人」を貰ったりして花の充実をはかった。さらに土佐国から「キリン閣」「泉川」を取り寄せるなど、収集先は全国へと広がった。その結果、二〇〇種以上もの品種を供えた菖蒲園が生まれたのだ。

一八三七（天保八）年には、水戸中納言徳川斉昭《なりあき》が「日本一のハナショウブ」と折り紙をつけたことで名前は一気に広がり、噂を聞きつけた全国の大名や江戸市中の人々が多く訪れる名所となった。

堀切菖蒲園は、時代が近代に入ってからも存続した。第二次世界大戦中の食糧難のなか、国から水田にせよと命じられたが、当時の園主がハナショウブの株を親戚に預けたことで貴重な種が残り、戦後に再開を果たしたのである。

歌川広重の『江戸百景』のなかに描かれた堀切菖蒲園。小高伊左衛門父子が集めた花々は、江戸の名所のひとつとして認知されるようになった。

現在は改良工事中のために休園中だが、二〇一八（平成三〇）年三月に工事が完了するため、六月には百花繚乱のハナショウブを見ることができる。

SL
23

しんつだぬま
新津田沼
Shin-Tsudanuma
新京成線

戊辰戦争の激戦区・津田沼で再び巻き起こる津田沼戦争

京成沿線の湾岸地域では、幕末に「市川・船橋戦争」と呼ばれる大きな戦争があった。一八六八（慶応四）年四月、津藩や岡山藩士で構成される新政府軍と、旧幕府陸軍の撤兵隊《さっぺいたい》との間で、市川宿、船橋宿で勃発し、両軍で三〇余名の戦死者を出している。

そして現代、同じく千葉の湾岸地域において「津田沼戦争」と呼ばれる戦争が続いている。いったい何の戦いなのか。

津田沼戦争は、デパートや大型量販店の間で行なわれた〝商戦〟のこと。

まず一九七七（昭和五二）年にパルコ、イトーヨーカ堂が相次いで開店し、津田沼戦争の火ぶたは切って落とされた。続く翌年にはダイエーが進出、その後も長崎屋や西友、丸井、高島屋などが続々と津田沼へ進出し、販売合戦を繰り広げたのである。

津田沼周辺が激戦区となるのには理由がある。一帯は戦中まで軍用地であり、戦後に広大な敷地が住宅地へ転用され、住宅や団地が爆発的に増えた場所。新京成線の新津田沼駅から徒歩五分ほどのところにはＪＲの津田沼駅が、さらに南には京成本線の京成津田沼駅があり、東京都心への通勤・通学も便利なことから、人口は増える一方だった。

また新京成の新津田沼駅とJRの津田沼駅との間が二〇〇メートルほど離れており、ヨーカ堂や長崎屋のように、その間のスペースに出店できたことも商戦激化の理由のひとつだ。そして消費者の購買意欲も盛んになっていた高度経済成長期の世情と相まって、新しさを前面に押し出したファッションビルから、庶民をターゲットにしたスーパーマーケット、老舗の百貨店までが津田沼周辺に揃うことになったのである。

各店はライバル意識をむき出しにして集客につとめ、そのようすはいつしか津田沼戦争と呼ばれるようになった。やがて開戦からわずか二年後の一九七九（昭和五四）年に長崎屋が撤退。バブル期の一九八八（昭和六三）年には高島屋が閉店し、イトーヨーカ堂とダイエーが二強として残った。

ところが、二〇〇三（平成一五）年になると第二次津田沼戦争ともいうべき事態になる。この一大激戦区にイオンが進出してきたのだ。二〇〇五（平成一七）年には第一次津田沼戦争を勝ち残ってきたダイエーが閉店。その跡地にヤマダ電機など多くのテナントが入るモリシアがつくられ、商戦は過熱。現在もイオンやイトーヨーカ堂、パルコをはじめ、ファーストリテイリングが経営するミーナや、多くのテナントが入る奏《かなで》の杜《もり》フォルテが登場し、賑々しく客取り合戦を展開している。

KS
28

みもみ
実籾
Mimomi
京成本線

習志野が日本のソーセージ発祥地となったワケ

日本の家庭の食卓において、ソーセージはもはや欠かせない食材となっている。日本国内でソーセージがつくられるようになったのは一八八七（明治二〇）年頃からのことで、外国船のコックだったドイツ人マーテン・ヘルツが製造、販売を行なっていた。その後、一九一二（明治四五）年に、横浜中華街の「江戸清」で修行した大木市蔵《おおきいちぞう》にマーテン・ヘルツがドイツ式ソーセージの製法を伝授し、これにより日本人による日本製のソーセージが誕生したのである。つまり、大木が製造を始めた横浜がソーセージ発祥の地である。

しかし、ソーセージの発祥の地は千葉県の習志野だという話もある。確かに大木市蔵はソーセージを製造していたが、一般にはまだまだ普及していなかった。ソーセージが普及するきっかけとなったのは、習志野で誕生したソーセージのほうだったからだ。

習志野にあった〝ドイツの村〟

習志野で日本初のソーセージがつくられたのは、ここに習志野俘虜《ふりょ》収容所があったことによる。

　一九一四（大正三）年八月二三日、日英同盟に基づいてドイツ帝国へ宣戦布告した日本は、中華民国山東省の租借地青島《チンタオ》を攻略し、ドイツ兵四七〇〇名を捕虜とした。ドイツ兵捕虜は日本国内一二か所の収容所に送られ、そのうちのひとつが現在の習志野市にあった。習志野俘虜収容所には一九一五（大正四）年九月から一九二〇（大正九）年一月までの間、ドイツ兵約一〇〇〇人が収容されたという。

　収容所長は西郷隆盛の息子・西郷寅《さいごうとら》太郎《たろう》だった。一三年にも及ぶドイツ留学経験を持つ西郷所長は、敬意と励ましをもって捕虜たちに接したという。そうした環境のなか、捕虜たちは比較的自由な生活を送ることができた。収容所内に菜園をつくったり、ビールやワインの醸造をしたり、野外ステージを設営して演芸会やオーケストラの演奏をしていた。演芸会には地元の人々も訪れ、子供たちにはラムネが振る舞われるなど、習志野の人々との交流が活発だった。現在、そうした交流を記念して収容所があった実籾駅の付近には「ドイツ俘虜オーケストラの碑」が立てられている。

　収容所の生活のなかで、ドイツ兵はソーセージづくりも行なっていた。彼らのなかにはソーセージ職人がいて、収容所内で本場のソーセージを製造していた。

　この技術に着目したのが、高栄養価食品としてソーセージに注目していた農商務省だ。

当時の日本では、ハムやベーコンなどはあったものの、ほとんどがレストランで使用される高級品で、一般家庭には普及していなかった。そんななかで比較的調理がしやすく安価なソーセージの普及を目指していたのである。

農商務省はソーセージの製法を学ぶために一九一八（大正七）年二月、千葉市に新設した農商務省畜産試験場の技師・飯田吉英《いいだよしふさ》氏を捕虜収容所へ派遣する。だが当時、彼らのソーセージ製法は師匠から弟子へ教えるだけの秘伝の技術だった。秘伝の技術を教えることをためらっていたドイツ人職人たちだったが、飯田氏に熱心に説得され、ついに一二種類のソーセージの製法を教えたのである。そしてドイツ人職人の技は、飯田氏によってマニュアル化され、畜産試験場の講習会を通じて、全国の食肉加工業者に伝えられた。こうして、日本製のソーセージが日本各地でつくられるようになったわけだ。

このような経緯から、すでに横浜では大木がソーセージ製造を行なっていたものの、食肉加工業界では習志野がソーセージ発祥の地といわれるようになったのである。

習志野では現在、当時のレシピを現代風にアレンジした「習志野ソーセージ」が売られている。収容所があった実籾駅周辺でも習志野ソーセージを出す店は多い。本場ドイツの秘伝の製法が受け継がれてきたソーセージを一度は味わいたいものである。

KS 29
八千代台《やちよだい》
Yachiyodai
京成本線

日本初の「団地」ができたのは京成の線路があったから

八千代台駅は、周辺に沿線最大のベッドタウンを抱える京成本線の主要駅である。利用者が多いため、特急や快速特急も停車する。いまの様子からは想像できないが、この駅の開業は、一帯に京成線が開通してから三〇年後の一九五六（昭和三一）年で、それまでは実籾駅と京成大和田駅の間にある通過点に過ぎなかった。ここに駅がつくられたのは、八千代台団地が開発されることになったからである。

八千代台駅西口ロータリーの一角には「住宅団地発祥の地」の文字が刻まれている。八千代台団地は、なんと日本でもっとも最初に団地がつくられた場所なのだ。どういった経緯でこの地が発祥となったのか、八千代台の歴史を追ってみよう。

戦後、千葉県の人口は飛躍的に増えた。戦地から兵士が帰還してきたり、空襲により家を失った都心の人々が流入してきたりしたからだ。

だが人口増加により深刻化したのが住宅不足である。その対応策として、一九五三（昭和二八）年、京成電鉄をはじめ、千葉県や東武鉄道が出資して「千葉県住宅協会（千葉県住宅供給公社）」が設立され、大規模な住宅地開発を行なうことになった。

京成沿いの国有地を開発

この千葉県住宅協会に提供された土地が、国有地だった高津新田《たかつしんでん》地区の土地である。この土地は、終戦までは陸軍の習志野騎兵旅団の練兵場があった場所だ。敗戦に伴い米軍に接収されたあと、国有地となっていた。都心から四〇キロメートル以内と近く、京成線が通っていたことも、住宅地に選ばれた理由のひとつだった。

約一三万坪の広大な土地に家屋を建てるだけでなく、駅や道路、学校、病院、公園、商店までも建設するという、大きなプロジェクトが推し進められた。建設される住宅には快適さを求めて、上下水道やガスを完備したが、大部分は木造平屋建てだった。団地といえば、鉄筋コンクリートの集合住宅を想像するが、このときにつくられたのは、木造平屋の分譲住宅だったのである。一九五五（昭和三〇）年に造成地が完成。翌年より第一期分譲が始まり、四年後には、四一万九六九七平方メートルに戸数一一四戸、人口四五〇〇人の規模に達した。

ここが「住宅団地発祥の地」とされるのは、分譲に際して「団地」という言葉が初めてここで使われたからである。当初の呼び名は「八千代台集合住宅」だったが、一九五七

1960年の八千代台のようす。いまの集合住宅ではなく、一戸建ての分譲地を団地と呼んだ。左下の集合住宅は八千代台団地ではなく、日本住宅公団によるもの（国土地理院撮影の航空写真、1960年撮影）。

（昭和三二）年頃に一般公募して、新たな名称をつけることになった。そして正式決定したのが「八千代台団地」だったのである。以後、「団地」という言葉が全国的に広く使われるようになっていった。

当時の土地価格の相場は一坪三五〇〇円だったが、八千代台団地は一坪五〇〇〇円と高額だった。しかし、ほかの住宅がトタン屋根だった時代に八千代台では瓦屋根を使用し、「モダン住宅」と呼ばれた。庶民の憧れだったという。

分譲がはじまってから六〇年以上が経過し、建て替えなどによって当時の姿を残すものは少なくなったが、道路の区画などは分譲当時のままである。

KS 12
えどがわ
江戸川
Edogawa
京成本線

江戸川畔で世界で初めて発見されたムジナモの不思議な生態とは？

京成本線の江戸川駅は、江戸川の河川敷のすぐ西側にある駅だ。ここより徒歩五分、河川敷のなかに小岩菖蒲園がある。ここはアヤメやハナショウブのほかにツツジやアジサイなどを栽培している公園である。

この小岩菖蒲園の一角に「ムジナモ発見の碑」と呼ばれる石碑がある。一八九〇（明治二三）年に植物学者の牧野《まきの》富太郎《とみたろう》博士が、ここで初めてムジナモを偶然発見したと記されている。あまり聞き慣れないムジナモとは、どんなものなのか。

ムジナモは、水に浮かんで暮らす水中植物の一種である。水中で葉を広げる姿が、ムジナ（タヌキ）の尾のようにふさふさしているためにこの名前が付けられた。長さは大きいもので二五センチメートルほどに成長する。

珍しいのは、ムジナモはミジンコなどの小動物を食べる食虫植物だということだ。ムジナモの葉は、アサリなどの二枚貝のような構造をしており、虫がここに入ってくると葉を閉じてしまう。この葉を閉じるスピードは植物の動きのなかで世界一の速さといわれてい

ムジナモの葉。ミジンコなどの獲物を二枚貝のような丸い葉で挟み込み、そのまま消化して食べてしまう。

る。葉のなかには消化液が出る消化《しょうか》腺毛《せんもう》があり、閉じ込めた小動物をそのまま葉のなかで消化する。そして六時間ほどで完全に獲物を溶かして、そこから栄養を吸収すると、ふたたび葉が開いて、次の獲物を待ち構えるのである。

この不思議な植物を是非見てみたいと思うかもしれないが、現代では希少性の高い絶滅危惧種であり、簡単に見つけることはできない。かつては沼沢地に自生していたが、生活排水や農薬の流入で水質が悪化し、さらに住宅地開発などで生育環境が減って野生ではほとんどいなくなってしまった。

それでも実際のムジナモを見たいなら保護活動を行なっている地元の保存会を訪ねるのがいいだろう。

けいせいいなげ
京成稲毛
Keisei-Inage
千葉線
KS 55

銀行→京成→市庁舎→ディーラー 三度も引っ越しをした谷津遊園の楽天府

京成千葉線の京成稲毛駅から西側へ歩いていき、国道一四号を渡ると重厚な建築物が現われる。桃山式の純和風二階建てで、華やかな唐破風《からはふ》が目を惹く。クラシックな外見ながらお寺ではないし、博物館や美術館でもない。これは自動車販売店の千葉トヨペット株式会社の本社である。

和風の社屋というのも驚きだが、この建物はなんと京成のレジャー施設・谷津遊園《やつゆうえん》のシンボルだった。谷津遊園とは、谷津駅近くの塩田を京成が開発してつくり、一九八二（昭和五七）年まで営業していた遊園地で、関東一円から人を呼ぶ人気スポットだった。ではなぜレジャー施設が、自動車会社の社屋になったのか。

この建物が生まれたのは一八九九（明治三二）年のこと。東京の麹町に日本勧業銀行の本店として建てられた。設計したのは、当時の日本を代表する建築家の妻木頼黄《つまきよりなか》と武田《たけだ》五《ご》一《いち》で、一九一〇（明治四三）年に東京上野で勧業博覧会が開催されると、その本館、迎賓館としても使用された。

国道14号沿いにある千葉トヨペット本社屋。鉄筋コンクリート造であるが、屋根は木造銅葺で建築当時の姿を復元している。

やがて一九二六（大正一五）年、銀行の改築を機に京成が二万五〇〇〇円で買収して、谷津遊園に移築した。建物は「楽天府《らくてんふ》」と名付けられて、谷津遊園のシンボル的存在となっていた。

しかし楽天府は、第二次世界大戦に突入する直前の一九三九（昭和一四）年、千葉市中央区へ二度目の引っ越しが決定した。千葉市が無償で譲り受け、市役所の庁舎として、多くの市民を迎え入れることになった。

移転したおかげで、幸いにも空襲の被害には遭わずに済んだ。しかし市庁舎としてはだんだんと手狭になってきたこと、さらに老朽化も進んでいたことから、建て替えを決定。一九六三（昭和三八）年には新市

東京・麹町にあった日本勧業銀行本店だった頃の一枚。このあと京成の谷津遊園の楽天府になり、その後は千葉市庁舎として使われ、現在地にたどり着いた。

庁舎が落成したことで、庁舎としての役目を終えることになった。しかし、取り壊すのはあまりに惜しいと保存を望む声が多く、一九六四（昭和三九）年に千葉トヨペット株式会社が市内に再建することを条件に、無償で譲り受けたのである。

無償といっても、移築・復元には莫大な費用がかかる。それでも千葉トヨペットは、当時の金額で一億七〇〇〇万円という巨費を投じて翌年に本社の社屋として完成させた。

このときの改修によって、建物は木造から鉄筋コンクリート造に変わったものの、しかし屋根は建築当時そのままの木造銅葺で、緑青《ろくしょう》の色が明治の色を出している。

KS 55
けいせいいなげ
京成稲毛
Keisei-Inage
千葉線

稲毛の砂浜は人工的につくられたってホント？

千葉県の稲毛の海岸は、夏場になると多くの海水浴客が訪れる人気スポットである。一帯は稲毛海浜公園として整備されており、プールや運動施設、ヨットハーバーなどもあって一年中楽しむことができる。海岸線には海水浴客で賑わう「いなげの浜」、ウィンドサーフィンの聖地となっている「検見川の浜」、千葉ロッテマリーンズの本拠地ZOZOマリンスタジアムに隣接する「幕張の浜」が続いており、三つの総延長は四三二〇メートルになる。天気の良い日には東京湾の向こうに富士山や海ほたる、東京スカイツリーを見ることができるし、夕日が美しいことでも有名だ。

この海岸は古くから、砂浜に黒松が生えた白砂青松《はくしゃせいしょう》の地として知られ、海水浴や潮干狩りで賑わい、海苔や貝類などの内湾漁業が栄える場所だった。

しかし、一九七五（昭和五〇）年頃のこのあたりの様子を見てみると、そこにあるはずの砂浜は全く存在していない。直立式の防波護岸が続いているだけである。高度経済成長期の昭和三〇年代から東京湾は相次いで埋め立てられ浜辺が次々と消えていった。白砂青松の地として知られていた稲毛海岸も、一九六九（昭和四四）年から本格的に始まった開発のなかで埋め立てられ、すっかりなくなってしまった。

では、目にすることのできる稲毛海浜公園の砂浜は何なのか。じつは総延長四キロメートルを越える砂浜は、なんと人工的につくられたものである。

一九六八（昭和四三）年、埋立地の先端に稲毛海浜公園が計画された際、昔のような砂浜をつくろうという案が盛り込まれたことに端を発する。一九七五（昭和五〇）年から埋立地の沖合三キロメートルの海底から砂をポンプで運ぶ工事が始まり、翌年四月に海岸線に沿った全長一二〇〇メートル、幅二〇〇メートルの砂浜が完成した。このときに投入された砂は約一五〇立方メートル。ZOZOマリンスタジアム一杯半ぐらいに相当する。

こうして完成したのが、モナコ公国のモンテカルロ・ラルポットに次いで世界で二番目、日本では初となる人工海浜「いなげの浜」である。その後、「検見川の浜」「幕張の浜」が順次誕生し、その総延長四キロメートルを越える砂浜となった。この長さは人工海浜のなかでは日本一である。

砂浜が消えていく！　人工海浜ゆえの問題点

しかし近年、その稲毛の砂浜がピンチにさらされている。海岸線がどんどん陸側へ後退し、砂浜が狭くなっているのだ。なかでも東京側のほうは顕著で、満潮になると沈んでしまう状態になっている。

その直接の原因は、波による砂の流出である。自然の砂浜であれば、砂が沖合へ流れても、河川からの供給があるので失われてしまうことはない。しかし人工海浜では流入河川がないため、砂は減っていく一方である。それを少しでも防ぐために浜の横から沖に向けた導流堤を設置しているのだが、砂の流出を完全に止めるには至っていない。

千葉市では一九八三（昭和五八）年に五万立方メートルの砂を新たに投入。同時に地下から砂が流出するのを防ぐため、砂浜の地下中央部に横向きの潜堤《せんてい》を設置した。このとき、砂だけで約二億五〇〇〇万円、潜堤で約四二〇〇万円、合わせて約三億円もの費用が投じられた。

それから三〇年以上が経ち、新たな砂の投入が必要な時期となっている。千葉市では二〇一八年か一九年には砂投入を行う予定だとしているが、また費用や砂の量などは未定だという。

多くの人に人気の砂浜だが、自然の恩恵を受けられない砂浜の維持は、容易ではないのである。

第四章

意外な由来が見えてくる！駅名・地名のミステリー

SL 20

ならしの
習志野
Narashino
新京成線

習志野駅が習志野市ではなく船橋市内にある謎

新京成線の習志野駅は、鉄筋コンクリートの平屋建ての小さな駅だ。駅ビルもなければ、駅前には大型ショッピングセンターなどもない。さらに二二時から七時までは無人駅になるなど、のどかな駅となっている。

習志野といえば、車のナンバープレートにもなっているし、全国的によく知られた地名である。その「習志野」の名前を冠した駅なのだから、もっと駅前が賑やかでもよさそうなものだ。この駅に降りて「ここが習志野市の中心なの？……」と思う人がいても不思議ではない。

だが習志野市の中心地はこの場所ではなく、市街地開発が進んだ津田沼周辺である。新京成線の習志野駅は、習志野市ではなく船橋市にあるのだ。同じく隣の北習志野駅も船橋市にある。おまけに船橋市内には習志野や習志野台、北習志野などの住所もあり、非常にわかりづらい。

では、なぜ習志野駅が船橋市にあるのか。理由は、いまの船橋市こそが本来の習志野だ

かつて習志野原一帯にあった習志野騎兵旅団。習志野原は騎兵第13、14聯隊が置かれた軍都として栄えていた。

ったからである。

習志野演習場の分割とともに分散

習志野という地名は、明治になってから生まれた新しい名前である。一八七三（明治六）年、明治天皇がこの地で行われた近衛兵の大演習を観覧されたとき、勅語をもってこの演習地を「習志野原」と呼ぶよう賜ったと伝わる。命名の由来は、明治天皇が陸軍少将の篠原国幹《しのはらくにもと》の演習を見て「篠原を見習うように」と述べたからといわれている。ほかにも演習を言い換えた「慣らし」による説など、諸説あるが定かではない。

このときに習志野原と命名された土地は、

いまの船橋市域である。新京成線の習志野駅や隣の薬園台駅の一帯だ。その後、演習場は次第に南側へ広がっていき、現在の船橋市域のみならず習志野市や八千代市、千葉市などにまたがる広大な敷地を持つようになった。そして一帯全域が習志野と認識されるようになっていく。

転機が訪れたのは一九三七（昭和一二）年である。周辺の町村合併が行なわれ、船橋市が成立した際、演習場があった習志野原のほとんどの部分が、船橋市に含まれることになった。その結果、習志野や習志野台など、習志野の名を冠した地名が船橋市域のなかに入れられたのである。一九四八（昭和二三）年には船橋市習志野台に新京成線の習志野駅が開業した。

習志野原の端に習志野市が誕生

習志野原の大部分が船橋市に収まることになったが、その後ややこしい事態が起きる。一九五四（昭和二九）年に、津田沼町と千葉市の一部が合併して「習志野市」となったのである。習志野原の端の部分が習志野市になってしまったのだ。その結果、習志野市なのに習志野駅がない、という混乱する状況となった。

その後一九八六（昭和六一）年には、ＪＲ京葉線の新習志野駅が習志野市内の海沿いに

習志野原の範囲と現在の習志野市域

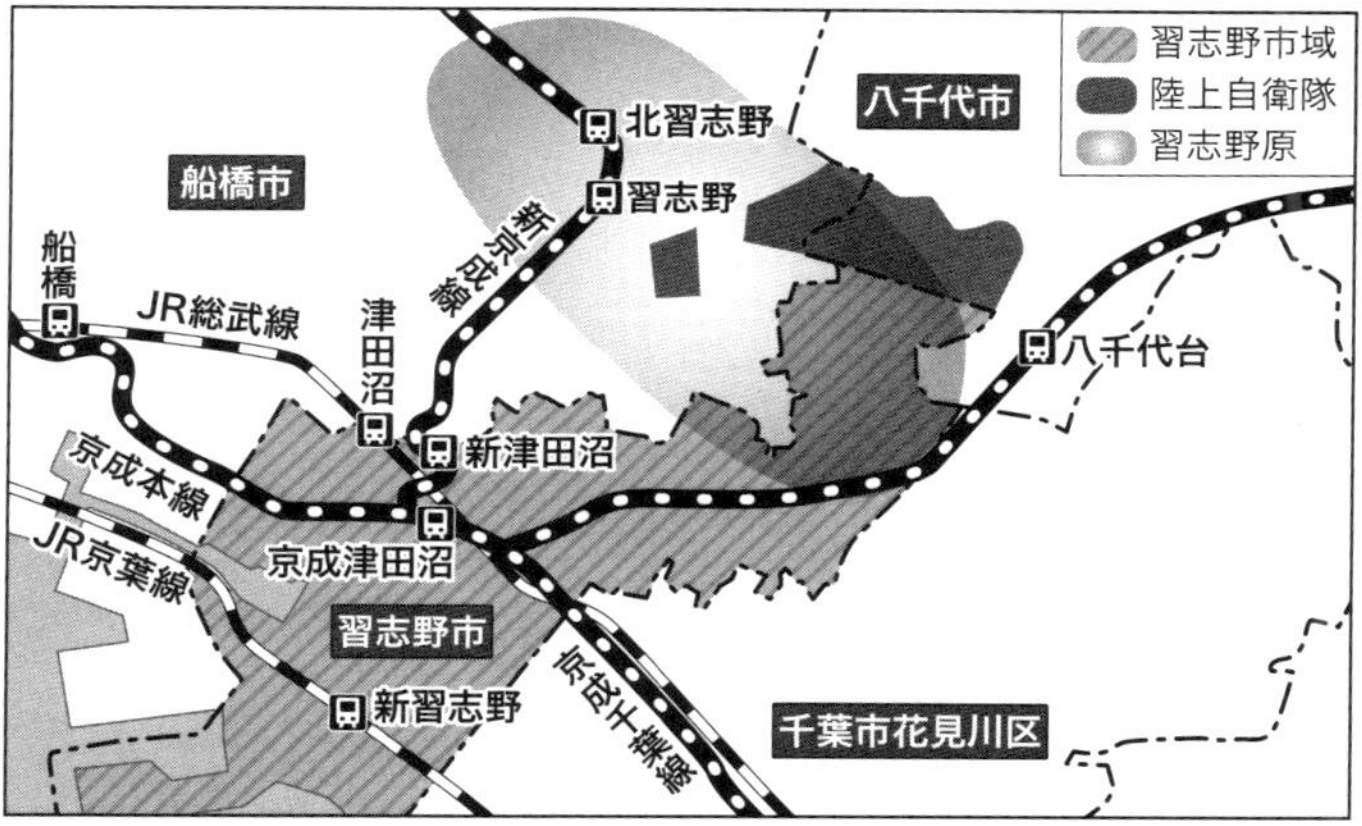

習志野市域に習志野駅などがないのは、もともとの習志野原が船橋市などにまたがる広大なエリアだったため。その中心部は船橋市域であり、習志野駅がある。

開設される。「新習志野」という名前ながら新京成線の習志野駅と五キロメートル以上も離れており、余計混乱を生む結果となっている。

現在、習志野市内で習志野と冠する公共施設は、新習志野駅に加え、習志野市立習志野高等学校や習志野文化ホールくらいである。住所も東習志野ひとつのみ。一方で船橋市内には前述の住所（習志野、習志野台、北習志野）や駅（習志野駅、北習志野駅）に加え、陸上自衛隊習志野駐屯地や習志野台団地など多数ある。自動車の習志野ナンバーも、取り扱っているのは船橋市の習志野自動車検査登録事務所であるため、〝船橋市の〟習志野ナンバーである。

立石の由来となった不思議な石って何だ!?

KS 49
けいせいたていし
京成立石
Keisei-Tateishi
押上線

葛飾区の立石は、横丁に飲食店がひしめきあう大衆の町として有名だ。一〇〇〇円でべろべろに酔える〝せんべろ〟の町とも称され、昼間から楽しそうな声が響いている。

その立石の町の最寄り駅は、京成本線の京成立石駅である。この下りホームの端には、駅名の由来を記した解説の板が立てられている。そこにはこの地域にある不思議な石「立《たて》石様《いしさま》」にちなんだものだと記されている。

現在その石は、駅の東側徒歩五分ほどのところにある児童公園の中にある。石垣に囲われ、鳥居に守られるかのように静かに鎮座している。

地表からわずか数センチメートルほど顔を出しているだけのどこにでもあるように見える石だが、地中に埋没している部分が大きく、どのくらいの深さまで続いているかわからないのだという。そのため「根有石《ねありいし》」とも呼ばれてきた。

この石の存在は古くから知られていた。室町時代の一三九八（応永五）年の文献『下総《しもうさの》国《くに》葛西《かさい》御厨《みくりや》注文』に「立石」が地名として記載されていることから、石がすでに地名にな

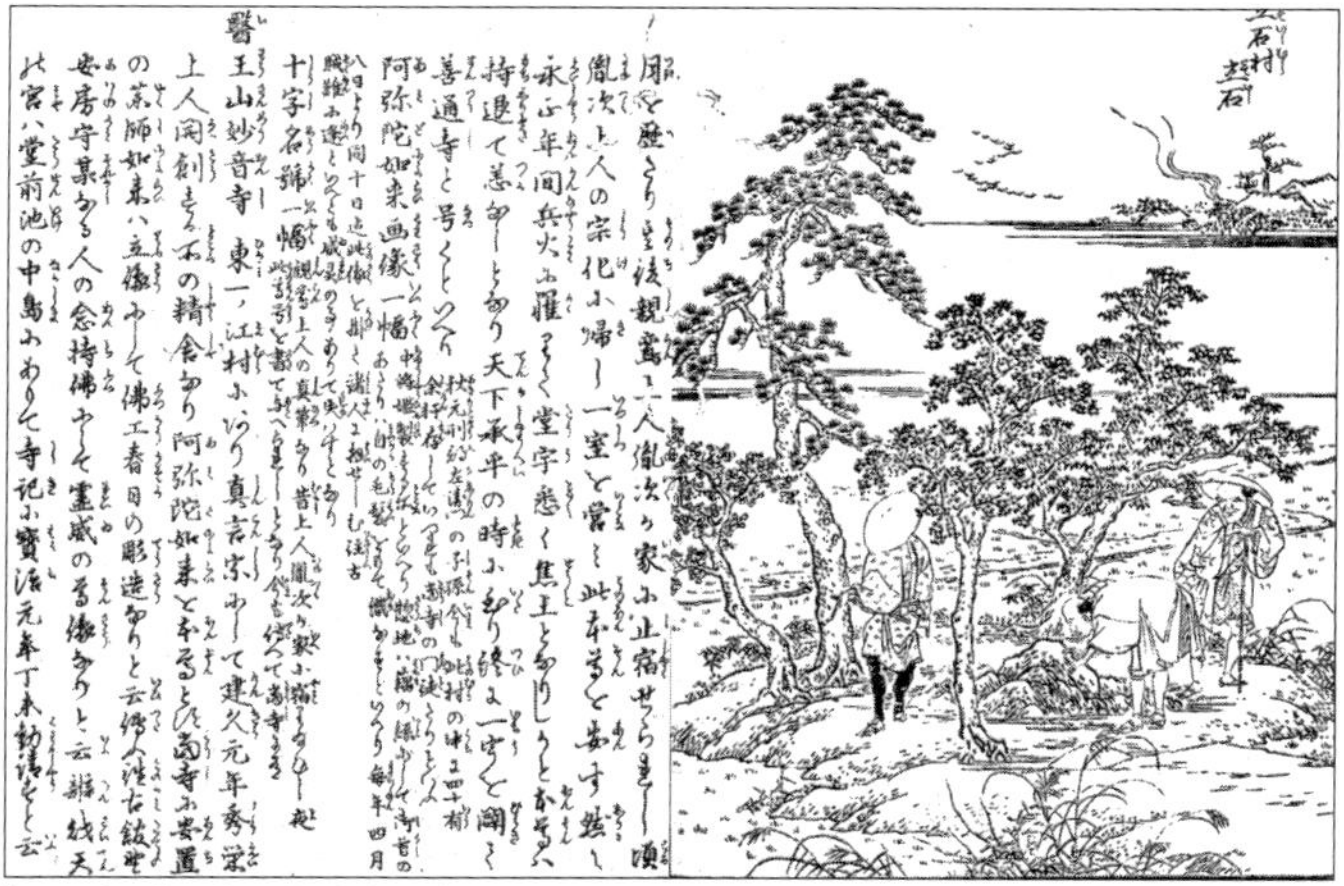

『江戸名所図会　第十九』（斎藤長秋編、長谷川雪旦画）に収録されている立石様。
江戸時代では、人の膝くらいの高さまで突出していたことがわかる。

っていることがわかる。やがて江戸時代になると石は、『江戸名所図会』や『新編武蔵風土記稿』、『葛西志』などによって広く紹介され、多くの人々が訪れる名所となった。『江戸名所図会』の挿絵を見ると、石は現在よりもずっと地上に出ており、地面から六〇センチメートルほどは突き出ていたようだ。

霊岩とされた数々の逸話

この石が「立石様」として地元で信仰されるようになったのには、次のような逸話があったからだ。

一八〇五（文化二）年頃、地元の名主である島田新右衛門が石の底を探ろうとして、地元の人々と一緒に掘り下げてみた。ところが三日三晩掘り続けても石の底が見えない。そのうち関わった人の間で病気が相次いだため、人々はきっと立石様の祟りだと恐れおののいて掘り下げるのをやめたという。やがて石祠が立てられ、立石稲荷神社として祀られるようになった。

発掘は明治時代にも何度か試みられたが、掘っても掘ってもやはり底まで行き着くことはなかった。日清・日露戦争の頃には、石の破片を持っていると弾よけになるともいわれたらしい。そのため石は削り取られて江戸時代よりもだいぶ小さくなり、地表から数センチメートルしかなくなってしまったのだといわれている。

一九二三（大正一二）年からこの地を調査してきた考古学者の鳥居龍蔵《とりいりゅうぞう》氏によれば、立石様は巨石記念物であるメンヒルの一種だという。メンヒルとは西ヨーロッパに見られる一本の巨石を立てた古代遺跡のこと。鳥居氏は、立石も祭祀のために長大な石をほとんど加工せず垂直に立てたものだと主張しているが確証には至っていない。

現在、この石は房州石《ぼうしゅういし》と呼ばれる凝灰質砂岩であることはわかっている。房州石は古墳の石材として使われていた。立石様から八〇メートルほど離れた南蔵院《なんぞういん》の裏にあった古墳を築くため、その石材にすべく房総から運ばれてきたのではないかと考えられている。果たしてメンヒルなのか、それとも偶然その場に放置された石材なのか、いまもって謎である。

薬園台駅の周辺住所が「薬円台」なのはいったいナゼ？

SL 21

薬園台《やくえんだい》

Yakuendai

新京成線

新京成線の薬園台駅は、一九四七（昭和二二）年一二月に新京成線の最初の駅として新津田沼駅とともに開業した。周囲は住宅街が広がり、のどかな雰囲気である。

駅の周囲の住所は「船橋市薬円台」となっている。駅名は「薬園台」なのに、なぜか住所は漢字が違うのだ。薬園台高校も住所は船橋市薬円台だ。この「円」と「園」、いったいどちらが正しいのか。

じつは駅周辺の地名は、もともと薬園台だった。

そもそも薬園台という名前は、江戸時代の一七二二（享保七）年、八代将軍徳川吉宗がこの地に下総薬園を開いたことに由来している。当時は天然痘やはしか、流感などの疫病が全国的に大流行しており、幕府はその対応に追われていた。小石川薬園の拡張や養成所の開設などの対策を講じたが、それでもまだ薬が足りない。輸入漢方薬は非常に高価で一般庶民の手には届かなかったし、輸入の増加は幕府の財政を圧迫することにもなった。そこで、吉宗は人々を救うため新たな薬草園の開設を命じたのだ。

失敗した薬草園経営

薬草園の土地として選ばれたのが下総台地だった。一帯は幕府直轄の小金牧《こがねまき》（九五ページ参照）となっており、その一角の滝台野《たきだいの》という場所を、薬草園の土地として活用することになった。

薬草園の運営を任されたのが、幕府の医官で、漢方薬の採取・栽培・製薬の技術に詳しい本草学者の丹羽正伯《にわしょうはく》だった。正伯は、同じく薬草に詳しい桐山太右衛門《きりやまたえもん》といっしょに薬草園の開発を行なう。二人にはそれぞれ一五万坪の土地が預け渡されたという。

太右衛門は江戸から、滝台野の地に移り住み、熱心に薬草園の開発に取り組んだ。しかし、開園からわずか四年後の一七二六（享保一一）年、突然死亡してしまう。一方の正伯も、江戸での公務が忙しくなり、結局、薬草園の経営は軌道に乗らないまま、やがて放棄されてしまった。

結果的に、薬草園がいつ閉鎖されたのか、どのくらい薬草がつくられていたのかなど資料が乏しいためにわかっていないが、薬草園の土地は、やがて普通の畑作農村となっていった。

薬草園がなくなっても、その名残は地名として存続した。駅の近くにある高幢庵《こうとうあん》という寺院には、一七三二（享保一六）年作の燭台に「薬園村」とある。また同所の一七四三（寛保三）年に奉納された地蔵菩薩の石像には「薬園台村」と刻まれており、薬園村や薬園台村という名前が定着していたことがわかる。

「円」になったのは昭和から

薬園台という地名が、薬円台と表示されるようになったのは、一九七三（昭和四八）年の新住居表示が施行されたときだった。薬園台町一～二丁目だった一帯のうち、新京成線以南の大部分が「薬円台一～五丁目」に変わり、新京成線以北も一九八八（昭和六三）年に「薬円台六丁目」と名を変えたのだ。

変更した理由については、市の当時の説明資料には「一般に使われている『円』に変えた」とあるのみで、詳細はわかっていない。わざわざ「園」を「円」に変更する必要があったのかという疑問も残るが、このときより前から「薬円台」というバス停が存在するなど、「円」の字も一般的に使われていたようだ。より簡略な字が好まれていった風潮のなかで「園」が「円」になったと推測されている。

かつて薬草園があった名残は、いまではほとんど見られないが、駅の南東部に薬園台町という住所の区画がわずかに残っている。

SL
12

はつとみ
初富
Hatsutomi
新京成線

初富、二和、三咲……下総一帯に点在する番号地名はなぜ生まれた？

新京成線の初富駅は、松戸～京成津田沼間のほぼ中央に位置している。下総台地一帯は農業地帯であり、東京近郊の住宅地としても開発が進んでいる。

さて、ここで注目するのは「初富」という駅名だ。明治時代に誕生した初富村の名前に由来する。別段、ごく普通の名前に思えるが、じつは「初富」という地名は、明治初期に新しく開拓された開墾地を数字で表わしている。

その順番とは、開墾された順に初富を一番として、二番から、二和《ふたわ》、三咲《みさき》、豊四季《とよしき》、五《ご》香《こう》、六実《むつみ》、七栄《ななえ》、八街《やちまた》、九美上《くみあげ》、十倉《とくら》、十余一《とよいち》、十余二《とよふた》、十余三《とよみ》まである。こうして並べてみると、見事に一から一三までの数字が地名に取り入れられているのがわかる。

この地名をつけたのは、明治政府の東京府開墾局知事であった北島秀朝《きたじまひでとも》である。北島は順番を示す漢数字に、縁起のよい好字を当てることを意識して、これらの地名を創作した。「豊かな土地になるように」「実りある土地になるように」「栄える土地になるように」などの願いを込めている。

開墾とともに生まれた番号地名

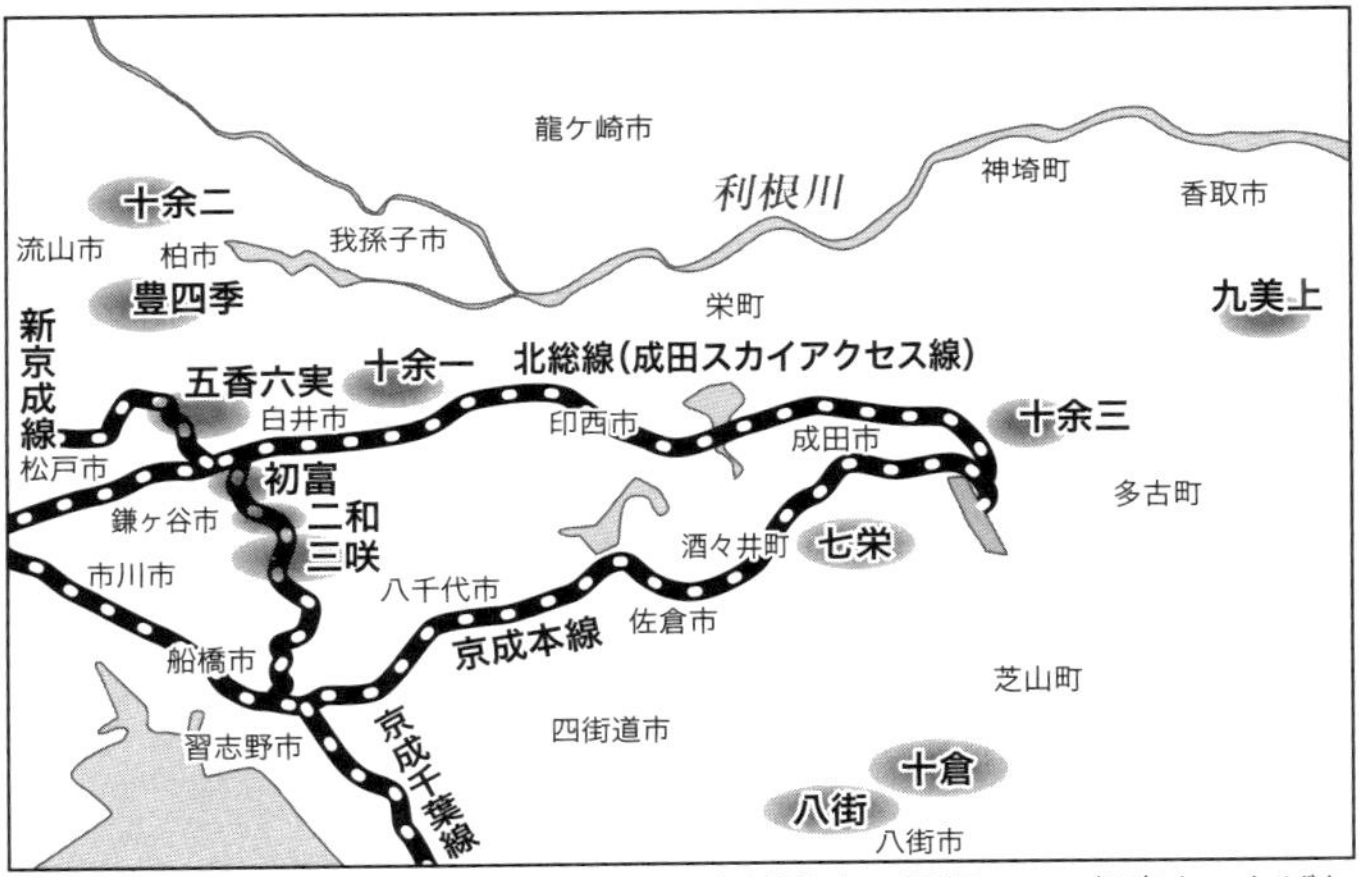

明治時代に開墾された土地。初富、二和など、漢数字に縁起のいい好字をつなげた地名になっている。

明治維新により始まった開墾

明治維新という日本の大変革によって、当時の東京府下には、職を失った人々が大勢いた。武士階級がなくなり、禄を貰えなくなった元下級武士や、武家屋敷の元奉公人などである。さらに、農村で生活できず、江戸に流れてきた人々も大勢いた。こうした人々はほとんど収入がなく、幕末から物価上昇が続くなか、貧しい生活を送っていた。放置しておけば打ちこわしなどの深刻な暴動が起きる恐れすらあった。

明治政府は、なんとか彼らに仕事を与えようとしたが、不景気のうえ、天候不順による食糧不足が重なり、なんとも方策が見つからない。そこで苦肉の策として考え出されたのが、新たな農地の開拓だったのである。現在の初富などを含む下総台地は、元幕府直轄の馬の放牧地だった場所。そこを新しく開拓すれば、都市で貧しい暮らしを送る人々を救済でき、食糧不足の解消になると考えたのだ。

明治政府は一八六九（明治二）年、開墾者募集の町触れを東京府下に出した。募集には約八〇〇〇人の応募があり、最終的に六四〇〇余人が移住したという。

しかし、この開墾は非常に困難を極めた。なにしろ、応募した人々の大半は農具を持ったことがない人であり、農作業のやり方がわからない。さらに何ひとつ遮るもののない台地のうえでの農作業は、炎天下の作業となるばかりか、土ぼこりが舞い上がる強風に耐える必要があった。

開拓者の離散や逃亡が相次いだが、残った人々は諦めることなく地道に開拓を続け、ゆっくりではあるが開拓は進んでいった。その後一八九七（明治三〇）年、現在の八街市に総武鉄道（現・JR総武線）が開通すると、開拓地に将来があると考えた人々が、各地から集まりだした。その中に多くの農民がいたことで、彼らの技術と経験により開拓は効率的に進んだという。

住宅地ばかりとなった今では、かつての開拓前の姿は想像しづらいが、一から一三までの数字が示す地名は、人々の手で開拓されてきた歴史をいまに伝えている。

HS
02

やぎり
矢切
Yagiri
北総線

古戦場の跡に「矢切」という地名がついた理由

京成金町線の柴又駅といえば、映画『男はつらいよ』で有名な場所だ。駅前には寅さんの銅像が立ち、柴又帝釈天や商店街など、映画でおなじみの光景が広がっている。

柴又にはもうひとつ、この地でしか体験できない魅力的なものがある。それは「矢切の渡し」である。江戸時代に、江戸川を挟んで向かい合う両岸に耕作地を持つ近郷の農民が行き来するために利用されてきたもので「農民渡船」と呼ばれていた。現在も片道大人二〇〇円、子ども一〇〇円で渡し船が体験できる。

この渡し船の名前となっている「矢切」とは、松戸市側の地名・矢切からきている。室町時代から見られる古い地名で、一四四七(文安四)年の記録では「ヤキレ」とある。もともとは谷が切れる地形を表わす「谷切れ」に由来するといわれている。この「ヤキレ」に「矢切」の漢字があてられたわけだ。

記録上「矢切」という表記が登場するのは戦国時代末期の一五八六(天正一四)年が最初である。ヤキレが矢切の表記になったのは、一六世紀に二回にわたってこの地で繰り広げられた「国府台《こうのだい》の合戦」が深く関係している。

関東の覇を争う戦い

国府台の合戦は、南関東を支配していた北条氏と、安房を支配し房総半島全体に大きな影響力を持っていた里見氏により、関東の覇をかけて二度行なわれた戦いである。一度目は北条氏綱《ほうじょううじつな》と里見義堯《さとみよしたか》・足利義明《あしかがよしあき》の房総連合軍、二度目は氏綱の子である北条氏康《うじやす》と、義堯の子である里見義弘《よしひろ》が戦った。合戦の舞台となったのはどちらも里見氏の城が築かれていた国府台。現在の国府台駅から北側の高台にあるこの場所は、江戸川を隔てて武蔵野を遠望できる、戦略上の重要な拠点だった。

一度目は一五三八（天文七）年に勃発した。二万八〇〇〇の軍勢を率いた北条氏綱が旧葛西城（現・青砥駅付近）に着陣し、国府台に陣取った里見義堯と足利義明に相対した。北条配下の根来金谷斎《ねごろきんこくさい》は、北方の金町付近から渡渉して矢切の裏から国府台へ切り込み、北条本隊は柴又付近から挟み打ちにし、わずか半日で勝利した。

二度目は約三〇年後の一五六四（永禄七）年に起きた。里見義弘が武蔵の太田氏とともに国府台へ出陣して西より押し寄せる北条氏康と激突した。北条軍は立石に本陣を置き、先陣を小岩、柴又に配置して、国府台の南北から挟み打ちにする作戦に出た。そして二か所から急襲してまたも大勝利を得たのである。

平和を望んだ地名

この二回にわたる合戦は、北条方、里見の両軍合わせて一万人にも上る戦死者を出したが、何より苦しんだのは戦場となった一帯に住んでいた農民である。二度にわたる戦いにより、田畑が荒らされ家は兵火によって焼かれ、農村は荒廃した。それだけでなく雑兵として戦に駆り出されて傷ついたり、兵糧として米などの食糧を徴収されたりなど、農民たちは重い負担を強いられた。

そうした労苦をもたらす戦乱が二度と起きないようにと祈って、武士のおもな武器のひとつである〝矢〟の災禍を断ち切る、という意味で「ヤキレ」の地名が「矢切」の表記になったのである。また、合戦中に里見軍が矢を切らしたために敗走したから矢切になった、という説もあるようだが定かではない。

付近にある文化財のひとつ、矢喰《やぐい》村庚申塚にある碑には「二度と戦乱のないよう安らぎと健康を願い、庚申仏や地蔵尊に矢喰村と刻み朝夕お祈りをしてきた」と記されている。矢喰村は庚申塚名であり地名ではないが、この由来から「ヤキレ」に「矢切」の字を当て、平和を祈った先人たちの姿が偲ばれる。

京成線に四度も駅名を変えた駅がある!

KS 56
みどりだい
みどり台
Midoridai
千葉線

周辺施設の変遷など、時代の流れとともに駅名が変わっていくことは珍しくはない。しかし、四度も駅名を変えたとなると普通のことではない。時代に翻弄され駅名を繰り返し変えた遍歴を持つのが、千葉大学の最寄り駅として知られる千葉線の「みどり台」駅である。

開業は一九二三（大正一二）年。当時は、駅のすぐ西側に砂浜が広がっており、「浜海岸」駅と命名された。ここは、干潮時には沖合一キロメートル以上も干潟が広がるような遠浅の海岸で、海水浴にぴったりだった。東京から一時間以内で、かつ駅の目の前に海水浴場が広がっているという便利さで多くの東京市民から人気があった。

ところが浜海岸駅は、戦時中に一変する。一九四二（昭和一七）年、軍事技術者の養成を目的に、東京帝国大学第二工学部が現在の千葉大の場所に新設された。これに伴い、浜海岸駅は千葉側へ約四五〇メートルも移動させられ、駅名も「帝大工学部前」駅と改称した。

学部の移転や開発で変更

終戦を迎えると、旧学制は廃止されて東京帝国大学は東京大学となった。そのため駅名からも〝帝大〟の文字がなくなり、「工学部前」駅へと改称した。一九四八(昭和二三)年のことである。

しかしまたもや状況は変化する。工学部が生産技術研究所へと改組され、以前までの敷地が千葉大学のキャンパスと東大技術研究所へと変わってしまったのだ。そのため「工学部前」という駅名自体が当てはまらなくなり、一九五一(昭和二六)年、地名である「黒砂」駅へと改称した。

この黒砂は、駅の北側の住所になっている。一帯は昔から黒砂海岸として有名な場所。三度目の改称でようやく、地元に根差した駅名となったのである。

しかしときは高度経済成長時代。一九六四(昭和三九)年よりはじまった開発によって黒砂海岸は埋め立てられて姿を消してしまう。駅名の由来である黒砂海岸がなくなったために一九七一(昭和四六)年、駅は四度目の改称を行なう。

そして駅の所在地である緑町から「みどり」という名を取り、「みどり台」駅と改称したのである。

SL
06

ときわだいら
常盤平
Tokiwadaira
新京成線

新京成線の「常盤平」は新京成電鉄の社員が命名

新京成線の常盤平駅の周辺には、金《かね》ヶ《が》作《さく》自然公園や金ヶ作熊野神社、金ヶ作育苗園など、豊かな自然が広がる。さらに駅の南に広がる常盤平団地には、けやき通りや日本の道一〇〇選に選ばれた常盤平さくら通りなどが延び、人の暮らしと自然が一体となった町となっている。

理想の住環境を体現する常盤平だが、この名称は、新京成電鉄の一社員の案によるものだとご存じだろうか。

この一帯はもともと金ヶ作と呼ばれ、屋敷林で囲まれた農家が点在するほかは見渡す限り原野や畑が広がるだけの農村だった。この一帯が東京近郊のベッドタウンである常盤平へと変貌するのは、常盤平団地の建設がきっかけである。戦後復興を遂げ、集団就職がはじまった翌年の一九五五（昭和三〇）年、首都圏の人口増加に対応するために住宅公団（UR都市機構）が発足し、大規模団地の開発に着手した。そして金ヶ作の地に五一万二〇〇〇坪の住宅地を建設することになった。沿線人口が増えるとあって、新京成電鉄も用地買収や社有地の提供など積極的に公団に協力した。

公募により名称が決定

この公団住宅は、「松戸団地（仮称）」などと呼ばれてきたが、一九五九（昭和三四）に松戸市は正式な名前を公募した。そして入居に先立ち、応募総数二二八通のなかから選ばれたのが新京成電鉄に勤務していた青木正治郎氏の「常盤平」という名前だった。

青木氏によれば、常緑樹や常に変わらない岩のような状態を表わす「常磐《ときわ》」という言葉がもともと好きだったことから、この言葉をぜひ使いたいと思ったという。ただ、文字のイメージを考えて、常磐の「磐」という字を「盤」に変えた。

新京成電鉄社史に掲載されている青木氏の説明によると、当初は「常盤台」と命名するつもりだった。ところが、実際の金ヶ作の地は、広々とした平地だったため、「台」はふさわしくないとして「平」という文字を組み合わせ、「常盤平」にしたという。

こうして常盤平団地という名称が決定し、翌年には新京成電鉄の金ヶ作駅も常盤平駅に改称された。

自分が考案した名前が団地名にとどまらず、駅名にもなったとは、鉄道マンの冥利に尽きるというものだ。

KS 09

あおと
青砥
Aoto

京成本線 押上線

駅は「青砥」、地名は「青戸」いったいどっちが正しいの？

青砥駅は、京成本線と押上線が接続するジャンクション駅で、平日、休日を問わず多くの電車が行き交っている。ふと駅の周辺を見回すと、周辺住所は駅名とは異なり、すべて「青戸」である。読みはどちらも「あおと」なのだが、なぜか漢字表記が違う。

地元では、「青砥」が本来の表記で、地名の「青戸」はそれを簡略化したものだとしばしば語られる。由来は鎌倉時代中期の御家人であった青砥藤綱《あおとふじつな》の姓にある。

藤綱は「滑川《なめりがわ》の銭拾い」の逸話によって、名判官として知られた人物。鎌倉の滑川に一〇文を落としたとき、近隣から五〇文で松明を買って家来たちに一〇文を探させ、それでは小利大損だと笑う者たちに、自分は損をしたが五〇文は人々の利益になったのだからいいのだと諭したという逸話である。これが江戸時代後半に歌舞伎の題材にも取り上げられ、庶民の人気者となった。晩年の藤綱は青戸の地に隠棲し、現在の青戸七丁目にある御殿山公園がその邸宅跡だと伝えられている。

なんとも、もっともな説に思えるが、実際の由来はほかにある。

もともと一帯の地名は「大戸」「大津」「青戸」「青津」などと記され、読みはどれも「おおと」だった。「戸」は「津」の訛った、港や舟着き場を意味している。ここが古利根川沿いに位置することからついた地名とされている。

その後中世になると「青戸」の表記に統一されていく。一三九八（応永五）年の『下総国葛西御厨注文』や、一五五九（永禄二）年の『小田原衆所領役帳』に「青戸」とあり、その頃すでに現在と同じ地名が定着していたことがわかる。その後も地名では「青戸」と記され、「青砥」という表記は公的に一度も用いられていない。やはり「青戸」が正しい表記であり、「青砥」が簡略化されたわけではないのである。

ならば駅名は、なぜ「青砥」なのか。これは、一九二八（昭和三）年に京成が駅を開設する際、藤綱がこの地に隠棲したという伝承にちなんで、地元住民の強い要望に応える形で、その表記にしたからだ。

地元の要望に応え、庶民の人気者を駅名にするとは、京成の粋なはからいである。

1885年刊『教導立志基』（井上安治著）に描かれた青砥藤綱。滑川に落とした十文を探すために、五十文を費やしたエピソードが描かれている。

KS
08
おはなぢゃや
お花茶屋
Ohanajaya
京成本線

お花茶屋の由来は〝お花さん〟どんな功績で駅名に？

京成本線に乗って、隅田川、荒川を渡ると、東京都葛飾区へ入る。ひとつ目に堀切菖蒲園駅、次にお花茶屋駅と続く。菖蒲園の次に〝お花〟とくれば、ここも花の名所に由来する駅なのかと思ってしまうだろう。たしかに、桜並木がきれいなお花茶屋公園があり、春には家族連れで賑わっている。

しかしお花茶屋の地名は、桜や菖蒲など植物のお花が由来ではない。じつは〝お花〟という人名から付けられた場所である。人の名前が地名になったのには、次のような逸話があったからだ。

江戸時代、この一帯は沼沢地が多く、徳川将軍家の御鷹場に指定されていた場所だった。毎年秋から翌春にかけて「鶴御成《つるおなり》」と称する鶴を捕える鷹狩りが催されていた。ある年の冬、八代将軍吉宗がここで鷹狩りをしていたとき、突然腹痛を起こして近くの茶店に駆け込んだ。茶店の当主新左衛門は、祖先から伝わる秘蔵の銀の茶釜で湯を沸かし、娘のお花に吉宗を看護させた。するとお花の看護と茶釜の湯の効果で、すぐに吉宗の体調は回復。

お花茶屋駅近くの曳舟川親水公園に置かれている鷹狩りの像。徳川吉宗は寒空の下で鷹狩りを行なっている途中で腹痛を起こし、茶屋へ駆け込んだ。

吉宗はこれを喜んで茶屋を「お花茶屋」と名付け、茶釜を「公方助け釜」と呼んだ。以来、吉宗はこの地を訪れるたびに茶屋へ立ち寄り、お花の立てた茶を飲んでいったという。

この逸話にちなみ、京成が一九三一（昭和六）年にお花茶屋を駅名として採用。その後、一九六四（昭和三九）年の住居表示の変更に伴い、町名も採用された。

じつはこの茶屋が建っていた場所が、お花茶屋駅前交差点の脇にある。かつては場所にちなんで「花」という喫茶店だったらしいが、その後書店となっていた。しかし二〇一六（平成二八）年二月いっぱいで閉店し、いまはスーパーマーケットになっている。

KS
34

けいせいうすい
京成臼井
Keisei-Usui
京成本線

京成臼井駅だけがなぜひらがな表記なのか？

京成本線の京成臼井駅の周囲には、見所がたくさんある。まず駅を出ると「ようこそ長嶋茂雄さんのふるさと　佐倉市臼井へ」と書かれた歓迎モニュメントがあり、ここが元読売巨人軍の長嶋茂雄氏の出身地であることに気付かされる。駅の北側、国道二九六号線を越えた先にある妙覚寺には、江戸時代の名物力士・雷電為右衛門《らいでんためえもん》の墓があったり、戦国時代に上杉謙信と北条氏康方の原胤貞《はらたねさだ》との合戦が行なわれた臼井城址があったりするなど、歴史に浸る観光地もある。

こうした名所旧跡を訪ねに京成臼井駅へ行こうとしても、目に入る行先は「うすい」のみ。路線図や駅名表、さらには行先表示では、京成臼井駅をひらがなの「うすい」と表記している。正式な駅名である「京成臼井」の表記は、駅の入り口のみ。ひらがな表記ばかりが目立つのだ。

じつは、北総線の「白井《しろい》」駅と混同することを避けるためである。行先表示がひらがなになったのは、北総線の新鎌ヶ谷〜京成高砂間が開業した一九九一（平成三）年からで、駅名標は二〇一四（平成二六）年にひらがなになった。

確かに「臼井」と「白井」では誤読する恐れがある。もし間違えて降りてしまった場合、両駅の移動には一時間以上もかかるうえ、京成以外にも新京成線や北総線を乗り継ぐため九〇〇円以上の運賃がかかってしまう。

　しかし、京成臼井の表記がひらがなであることにより、別の駅の表記に影響が出ている。それは三つ隣の京成酒々井《しすい》駅である。酒々井という地名は、近年はアウトレットなどで知名度が上がっているが、難読地名のひとつとして取り上げられるほど、読めない人も多い。しかしひらがなで「しすい」と表記してしまうと「うすい」と混同してしまう恐れがある。そのため難読駅名であっても、ひらがなにできないでいるのだ。

「うすい」行きの表示。駅名は「京成臼井」だが、白井駅との混同を防ぐためにひらがな表示となっている。

KS 33

ゆーかりがおか
ユーカリが丘
Yūkarigaoka
京成本線

ニュータウンの名前に「ユーカリ」がつけられたワケ

京成沿線には、昭和の後半につくられた、さまざまなニュータウンがある。北総線沿いに広がる千葉ニュータウンや、千原線沿線にあるニュータウン、成田湯川駅から京成成田駅一帯の成田ニュータウンなどだ。

京成本線のユーカリが丘もそのうちのひとつ。ただほかと違って千葉県や公団、京成グループが開発したニュータウンではなく、山万《やままん》株式会社という民間のデベロッパーがつくった町である。京成のユーカリが丘の駅からは、新交通システムを採用している山万ユーカリが丘線が伸びており、ユーカリが丘を環状につないでいる。

ユーカリが丘には、その名前の通りユーカリの木が随所に植樹されている。またユーカリの木で暮らすコアラにちなみ、町のイメージキャラクターをコアラにしているばかりか、駅前にはコアラの銅像が置かれていたり、山万ユーカリが丘線を走る車両には「こあら号」という名前が付けられていたりする。

そもそもなぜユーカリなのか。

山万株式会社がニュータウン開発に着手したのは一九七一（昭和四六）年のこと。当時は日本中で、公害や環境破壊などが社会問題となっていた頃だ。そこで、新しくつくる町はそうした問題とは無縁の環境都市にしたいと考えていた。

山万ユーカリが丘線の車両「こあら１号」。ユーカリにちなみ、ユーカリの葉を食べるコアラがイメージキャラクターになっている。

開発予定地の一帯は、印旛沼を後背地にした自然豊かな土地で、環境都市というコンセプトにはぴったりの立地。その象徴として、殺菌作用や空気清浄作用があるユーカリを町に植樹し、それをそのまま町の名前に採用したのである。その際、「ケ」ではなく「が」とひらがなにして、カタカナ、ひらがな、漢字をすべて名前に入れることで、あらゆる世代の人が住む町を表わそうとした。

流行に乗ったオシャレ地名かと思いきや、願いを込めたコンセプトが隠されていたのである。

KS 14

いちかわまま
市川真間
Ichikawamama
京成本線

市川真間のママって何のこと？

京成本線の下りに乗り、江戸川を越えて千葉県に入って国府台駅を過ぎると、高級住宅街で知られる市川真間駅に到着する。京成電気軌道の初代社長・本多貞次郎《ほんだていじろう》の邸宅もこの付近に建っていたことがあり、下りホームの中ほどからは本多氏の顕彰碑を見ることができる。

市川真間という駅名は、周囲の住所である市川市真間に由来する。一帯は、悲劇の美女として知られる手児奈《てこな》伝説の舞台であり、すでに平安時代に登場する名前だ。手児奈は、男たちが自分を慕って争うのを見て悲しみ、入り江に身を投げたと伝わる。これを題材に平安の歌人たちが和歌を詠んだため、万葉集にも真間の地名が登場する。

真間とは、急崖を意味する言葉である。市川真間一帯は、下総台地の一部、東葛《とうかつ》台地の西南端に位置し、行徳低地と呼ばれる低地との境目に位置する。台地面は平坦であるが、低地との境目は比高差二〇メートルほどの急崖が続く。これが「真間」の由来となった崖である。

この崖は、約八万年前に河川浸食によって生まれた地形である。一帯はもともと海の底だったが、氷期の海面低下によって陸地になったあと、古東京川《ことうきょうがわ》（栃木～東京湾）といわれる大きな河川によって激しく浸食されて大きな谷が形成された。やがて温暖化によって再び海面が上昇すると、谷は深い入り江となり、打ち寄せる波が谷沿いの台地をさらに削ったため、急な崖地となった。こうして市川真間の崖が誕生したのである。

市川真間駅横に立つ、京成電鉄創業者・本多貞次郎の顕彰碑。この地に邸宅を構えていた本多氏は、生涯を通して京成電車と地元の発展のために尽力した。

この真間の由来となった崖は、駅の北側でいまも見ることができる。真間山弘《ぐ》法寺《ほうじ》へ至るための急な石段がある崖だ。全六三段の石段を上った先にある山門から振り返れば、東京湾まで続く低地を見渡すことができる。

《取材協力》

品川区／千葉市美浜公園緑地事務所／鎌ヶ谷市郷土資料館／船橋市郷土資料館／足立区郷土博物館／京成電鉄／京成佐倉駅／東成田駅／芝山鉄道

《参考文献》

『京成電鉄五十五年史』京成電鉄社史編纂委員会編、『京成電鉄85年の歩み』京成電鉄株式会社総務部編（以上、京成電鉄株式会社）／『京成らいん』（京成電鉄株式会社経営総括部広報・CSR担当）／『荒川放水路変遷誌』（国土交通省関東地方整備局荒川下流河川事務所）／『都営地下鉄建設史　1号線』東京都交通局（東京都交通局都営地下鉄1号線建設史編纂委員会）／『松戸市史　下巻第2　大正・昭和編』（松戸市）／『市川市景観基本計画』（市川市）／『小岩菖蒲園』（江戸川区）／『葛飾区の文化財』（葛飾区教育委員会社会教育課）／『台東区の名所と文化財』（東京都台東区役所）／『中央区史　下巻1』（東京都中央区）／『品川区景観計画の運用指針〈旧東海道品川宿地区〉』（品川区都市環境事業部水とみどりの課）／『皇室がふれた千葉×千葉がふれた皇室』千葉県文書館、宮内庁区内公文書館編（千葉県文書館）／『ふるさとの地名　船橋の地名の由来を探る』（船橋市史談会）／『地域研究資料3　薬園台の歴史　正伯物語』（船橋市郷土資料館）／『市立いちかわ自然博物館だより』（市立市川自然博物館）／『「東京新田」を歩く　東京窮民の下総開墾』『小金牧を歩く』青木更吉、『市川・船橋戦争　幕府陸軍撤兵隊始末』山形紘、『成田空港365日』原口和久、『成田山新勝寺　民衆の不動尊信仰史』大野政治、『「成田参詣記」を歩く』川田壽、『船橋の地名を歩く』船橋地名研究会、『船橋の歴史散歩』宮原武夫編著、『房総人物伝　千葉ゆかりの先覚者たち』川村優（以上、崙書房出版）／『京成の駅　今昔・昭和の面影』石本祐吉、『京急の駅　今昔・昭和の面影　一〇〇余年間に存在した全駅を紹介』佐藤良介、『地形で読み解く鉄道路線の謎　首都圏編』竹内正浩、『鉄道未成線を歩く〈私鉄編〉　夢破れて消えた鉄道計画線実地調査』森口誠之、『新・鉄道廃線跡を歩く2　南東北・関東編』今尾恵介編著（以上、JTBパブリッシング）／『駅名で読む江戸・東京』大石学、『京成電鉄のひみつ』PHP研究所編（以上、PHP研究所）／『千葉県の戦争遺跡をあるく』千葉県歴史教育者協議会編、『新編　千葉の歴史夜話』畑中雅子、『千葉県の歴史一〇〇話』川名登（以上、国書刊行会）／『東京　消えた！鉄道計画』『東京　消えた！全97駅』中村建治（以上、イカロス出版）／『京成線歴史散歩』岩井寛、『京浜急行線歴史散歩』葛西道夫（以上、鷹書房）／『千葉の鉄道』『新京成電鉄　駅と電車の半世紀』白土貞夫、『墨田区・江東区今昔散歩』生田誠（以上、彩流社）／『千葉が誇る日本一』『鉄道で行く千葉』（以上、京葉銀行）／『観察記録　京成電車Vol.3　千原線編』『Vol.4　本線（上野-青砥）編』『Vol.5　押上線編』『Vol.8　本線（津田沼～佐倉）編』『Vol.9　本線（佐倉―成田空港）編』『Vol.10　金町線・東成田線編』長尾幸久（以上、Dream☆Star）／『千葉県謎解き散歩2』森田保編著（KADOKAWA）／『消えた駅名』今尾恵介（東京堂出版）／『今だから話せる都営地下鉄の秘密』篠原力（洋泉社）／『東京の寺社』内藤正敏（稜北出版）／『東京の鉄道遺産　百四十年をあるく　下　発展期篇』山田俊明（けやき出版）／『東京の鉄道名所さんぽ100』松本典久（成美堂出版）／『東京計画地図』

東京計画研究会編（かんき出版）／『東京今昔江戸散歩』山本博文（中経出版）／『東京戦後地図　ヤミ市跡を歩く』藤木ＴＤＣ（実業之日本社）／『日本城郭大系　６千葉・神奈川』平井聖（新人物往来社）／『博物館に学ぶ　ちばの歴史』千葉県高等学校教育研究会歴史部会（山川出版社）／『ドイツ兵士の見たニッポン　習志野俘虜収容所1915-1920』習志野市教育委員会編（丸善）／『封印された鉄道史』小川裕夫（彩図社）／『房総と江戸の交流史』土屋浩著、筑紫敏夫監修（雄山閣）／『「上野」時空遊行』浦井正明（プレジデント社）／『「夢の王国」の光と影　東京ディズニーランドを創った男たち』野口恒（ＴＢＳブリタニカ）／『10＋1』（LIXIL出版）／『M in M Project 1991-2001　博物館動物園駅の進化と再生』若松久男監修、若松久男、上野の杜芸術フォーラムほか編著（ミュゼ）／『ガイドブック　東京の戦争と平和』東京平和委員会（新日本出版社）／『ロープウェイ探訪』松本晋一（グラフィック社）／『稲荷をたずねて　稲荷信仰の由来と御神徳』南日義妙編著（文進堂）／『葛飾区の歴史』入本英太郎（名著出版）／『京成押上線物語』澤村英二（文芸社）／『京成電鉄　街と駅の１世紀』生田誠（アルファベータブックス）／『京成電鉄の世界』交通新聞社編（交通新聞社）／『郷土　東京の歴史』北原進編（ぎょうせい）／『完全保存版　都営地下鉄のすべて』滝口直樹（マイナビ出版）／『銀座わが街　４００年の歩み』銀芽会編（白馬出版）／『幻の人車鉄道　豆相人車の跡を行く』伊佐久三四郎（森林書房）／『江戸の川・東京の川』鈴木理生（井上書院）／『江戸古寺七〇』小山和（ＮＴＴ出版）／『昭和の郊外　東京・戦後編』三浦展編（柏書房）／『上野・東京今昔絵巻』（ネコ・パブリッシング）／『地図と鉄道省文書で読む私鉄の歩み　関東３　京成・京急・相鉄』今尾恵介（白水社）／『鉄道未完成路線を往く』草町義和（講談社ビーシー）／『高揚した日本労働運動の軌跡1945-1948』高知聡（現代思潮新社）／『千葉県の民衆の歴史50話』千葉県歴史教育者協議会（桐書房）／『浅草　戦後篇』堀切直人（右文書院）／『全国鉄道事情大研究　東京東部・千葉篇②』川島令三（草思社）／『成田不動の歴史』村上重良（東通社出版部）／『海岸工学論文集』（土木学会）／『週刊東洋経済』（東洋経済新報社）／『新鮮大崎』（ＯＡＭ）／『鉄道ピクトリアル』（電気車研究会・鉄道図書刊行会）／『土地総合研究』（一般社団法人土地総合研究所）／『筑波学院大学紀要』（筑波学院大学）／日本大百科全書／毎日新聞／日本経済新聞／読売新聞／東京新聞／朝日新聞／産経新聞／千葉日報／稲毛新聞／地域新聞／ハフィントンポスト／Response／ダイヤモンド

《ウェブサイト》

国土交通省／東京都／茨城県／千葉県／千葉市／鎌ヶ谷市／成田市／船橋市／八千代市／松戸市／習志野市／足立区／台東区／中央区／葛飾区／千葉大学／埼玉大学／法政大学／東京湾高観光情報局／中央水産研究所／日本山岳会／土木学会／京成電鉄／新京成電鉄／成田高速鉄道アクセス／筑波観光鉄道／京成不動産／オリエンタルランド／京葉ガス／千葉トヨペット／増上寺

監　修　**高林直樹**（たかばやし なおき）

1951年千葉県鴨川市生まれ。東京大学理学部地学科地理学専攻卒。千葉県史料研究財団事業第１課長、千葉県公立高等学校教諭・校長を経て、聖徳大学AO入試研究センター教授を定年退職し、現在、鴨川ふるさと大使。この傍ら、千葉県史、千葉県議会史、千葉県内の市町村史等の執筆に従事。おもな共著書に『千葉県地名大辞典』（角川書店）、『千葉県の百年』（山川出版社）、『千葉県の歴史　通史編』近現代１～３（千葉県）、『千葉県議会史』第５～10巻（千葉県議会）、『千葉県企業庁事業の軌跡』（千葉県企業土地管理局）、『鴨川市史　通史編』（鴨川市）、『勝浦市史　通史編』（勝浦市）、『印西市歴史読本　近代・現代編』（印西市）など。監修として『千葉「地理・地名・地図」の謎』（実業之日本社）がある。

※本書は書き下ろしオリジナルです。

JIPPI Compact

じっぴコンパクト新書　334

京成沿線《けいせいえんせん》の不思議《ふしぎ》と謎《なぞ》

2017年11月15日　初版第１刷発行

監修者……………高林直樹
発行者……………岩野裕一
発行所……………株式会社実業之日本社
〒153-0044 東京都目黒区大橋1-5-1 クロスエアタワー8階
電話（編集）03-6809-0452
　　（販売）03-6809-0495
http://www.j-n.co.jp/
印刷・製本…………大日本印刷株式会社

ISBN978-4-408-33747-0（第一趣味）